München

mit dem Rad entdecken

Spannende Touren zu Highlights und Geheimtipps

J. BERG

INHALT

WILLKOMMEN IN MÜNCHEN!

»München ist voll von Sehenswürdigkeiten, historischen Plätzen, Parks und Kunstwerken und schnell wird daraus eine spannende Reise – jedenfalls, wenn man sich ein bisserl auskennt.« So hieß es schon vor über 25 Jahren, als sich die Agentur *Spurwechsel* als Pionier auf dem Gebiet der Stadtführungen etwas ganz Neues ausdachte: die Stadtführung mit dem Fahrrad!

Seit Spurwechsel 1993 die erste Stadtführung mit dem Fahrrad durchgeführt hat, wurde das Radeln in der bayerischen Landeshauptstadt immer attraktiver und in Zeiten von Klimakrise und Corona boomt die Fahrradbranche wie kaum eine Andere. München ist zwar noch keine »Radlhauptstadt«, viele selbst gesteckte Ziele der Stadt München wurden aber schon erreicht: Zahlreiche Menschen nutzen das Fahrrad, sei es für den Weg in die Arbeit oder in der Freizeit. Das Radwegenetz ist gut ausgebaut, so wurden viele Einbahnstraßen für den Fahrradverkehr geöffnet und Fahrradstraßen mit Vorrang für die Radler/innen eingerichtet. Natürlich gibt es noch einiges zu verbessern: Die Verkehrsregeln für die Benutzung der Radwege kann man noch einfacher und eindeutiger gestalten und auch die Verkehrsführung in der Innenstadt muss entschärft werden.

Im Vergleich zu den Faktoren, die für das Radeln in München sprechen, spielen diese wenigen Kritikpunkte aber kaum eine Rolle: Durch den Englischen Garten und entlang der Isar fährt man am besten mit dem Radl und auch eine Shopping-Tour in einem hippen Stadtviertel mit Stopp in einem angesagten Café lässt sich in München perfekt mit dem Drahtesel unternehmen – und das ganz ohne Parkplatzprobleme!

Erkunden Sie mit diesem Radlführer München auf den schönsten und abwechslungsreichsten Fahrradrouten. Die Touren stammen teilweise aus dem bewährten Spurwechsel-Programm. Wir haben darauf geachtet, dass die Touren entlang verkehrsarmer Strecken verlaufen, wenn möglich in Parks und entlang von Grünanlagen. Besonderen Wert haben wir auf die Einkehrmöglichkeiten entlang der Strecke gelegt. In München entstand die besondere Tradition der eigenen Brotzeit im Biergarten – was gibt es also Schöneres, als nach einem kleinen Einkaufsbummel auf dem Viktualienmarkt in einen Biergarten zu

radeln und sich dort die selbst erstandenen Brezen, den Obazden und die Radieserl schmecken zu lassen!

Bitte vergessen Sie auch die Badesachen nicht, denn bei fast allen Touren gibt es eine Bade- oder zumindest Erfrischungsmöglichkeit. Genießen Sie die Freibäder und Seen, springen Sie doch zwischendurch mal in die Isar oder hängen Sie die müden Füße in den Eisbach.

Für Familien haben wir außerdem eine Tour mit speziellen Tipps für Kinder ausgearbeitet. Bei der »NaTour« radeln Sie entlang grüner Achsen zu den schönsten Stadtparks.

Spannende Geschichte und unterhaltsame Geschichten rund um München können Sie mit diesem Radlbuch selbst »er-fahren«. Es gibt zahlreiche Tipps zu Museen, Sehenswürdigkeiten und charmanten Hotels.

Oder Sie schauen einmal bei Spurwechsel für eine Stadtführung mit dem Fahrrad vorbei. Für die »Zuagroasten« (hochdeutsch: Zugereiste, Neu-Münchner) und auch für Alteingesessene, die ihre Stadt noch besser kennenlernen möchten, bietet Spurwechsel eine Vielzahl von verschiedenen Stadtführungen mit dem Fahrrad an: Für die Kurzentschlossenen gibt es die »München Highlights-Tour«, für Gruppen bietet sich die »StadtTour« oder die »NaTour« an und für Freunde des Gerstensafts wurde eigens die »BierTour« mit Brauereiführung ausgearbeitet.

Selbstverständlich sind auch die passenden Fahrräder dazu erhältlich: In der Innenstadt stehen über 80 bequeme Cityräder für die Stadtführungen mit dem Fahrrad bereit. Wer die Stadt auf eigene Faust erkunden möchte, kann sich im Spurwechsel-Fahrradverleih in der Ohlmüllerstraße 5 mit Rädern für besondere Ansprüche ausrüsten – dort stehen Trekkingräder, Kinderräder, Kindersitze, Fracht- und Kinderanhänger zur Verfügung.

Viel Freude beim Erkunden dieser wunderbaren,
lebenswerten Stadt wünschen Ihnen die
Spurwechsler Silvia Hilmer und Christian Dechant

SPUR
SPUR

MÜNCHNER INNENSTADT

Innerhalb des Altstadtrings liegen das Herz und der Bauch Münchens: Marienplatz und Viktualienmarkt. Sehenswürdigkeiten und diverse Möglichkeiten zum Einkaufen locken hier die Besucher. Selbst im Zentrum gibt es meist einen Radweg und eine Beschilderung für Radfahrer. Die direkt an die Altstadt angrenzenden Stadtbezirke lernen wir bei den Radtouren im Zentrum kennen.

Münchner wie Touristen genießen in der Altstadt das urige Flair der kleinen Gassen, der mittelalterlichen Gebäude, Stadttore, und gemütlichen, typisch bayerischen Gaststätten. An den Türmen der Frauenkirche, nahe dem Marienplatz, kann man sich gut orientieren. Man verweilt gern im Hofgarten oder im Englischen Garten und genießt rauschende Bäche oder ein Sonnenbad in der Wiese. Im angrenzenden Altschwabing lässt man sich durch die Straßen mit ihren Jugendstilbauten und Kunstateliers in den Hinterhöfen treiben oder bevorzugt den Trubel der Leopoldstraße mit ihren vielen Cafés, Bars und Restaurants. Wohnorte berühmter Mitglieder der »Schwabinger Bohème« und ihre berühmtberüchtigten Gaststätten wie z. B. der »Alte Simpl« befinden sich überwiegend in der Maxvorstadt. Sie grenzt direkt an die Altstadt und Schwabing an.
Die Au/Haidhausen mit dem Kulturzentrum Gasteig und das Glockenbach-/Gärtnerplatzviertel in der Isarvorstadt liegen an der Isar und sind mit ihren Altbauten und ihrem vielseitigen Gastronomieangebot die In-Viertel der Stadt.

Die Ludwigvorstadt mit dem geschäftigen Bereich am Hauptbahnhof, dem ruhigeren Klinikviertel sowie den repräsentativen Villen und Mietshäusern entlang der Theresienwiese lockt mit ihren Sehenswürdigkeiten nicht nur zur Oktoberfestzeit.

Radler beim Spurwechsel vor der Theatinerkirche am Odeonsplatz

Tour 3: Die Kirchen-Tour
Per Rad die schönsten Gotteshäuser der Stadt entdecken

Ausgangspunkt: Salvatorplatz (U-Bahn Odeonsplatz)
Endpunkt: Kaiserplatz (U-Bahn Münchner Freiheit)
Weglänge: 17,5 km

Tour 1: Die Münchner Highlights-Tour
Durch das Herz der Landeshauptstadt

Ausgangs- und Endpunkt: Fischbrunnen/Marienplatz (U/S-Bahn)
Weglänge: 6,9 km

Tour 2: Durch die Maxvorstadt
Eine Zeitreise beginnt – Plätze, Museen und Prachtstraßen
Ausgangs- und Endpunkt:
Odeonsplatz (U-Bahn)
Weglänge: 5,7 km
BMW Welt
BMW Museum
Petuelring
Olympiapark Münchner
Olympiapark
Olympia-Alm
Schenkendorfstr.
Nordfriedhof
Leopoldstr.
Isoldenstr.
Berliner Str.
Ungererstr.
Hörwarthstr.
Bonner Platz
Rheinstr.
Karl-Theodor-Str.
Dietlindenstr.
Isarring
Ackermannstr.
Victoriastr.
St. Ursula
Herzogstr.
Münchner Freiheit
Kaisergarten
Kaiserstr.
Hohenzollernspl.
Hohenzollernstr.
Schwere-Reiter-Str.
Barbarakirche
SCHWABING-WEST
Biedersteiner Str.
Kleinhesseloher See
Elisabethstr.
Heßstr.
Infanteriestr.
Franz-Joseph-Str.
Schleißheimer Str.
Tengstr.
Arcisstr.
Kurfürstenstr.
Giselastr.
Englischer Garten
Dachauer Str.
Lothstr.
Josephspl.
Görresstr.
Adalbertstr.
Münchner Kunstakademie
Kaulbachstr.
Königinstr.
Schellingstr.
Josephskirche
Barer Str.
Türkenstr.
Ludwigstr.
Siegestor
Historisches Karussell
Café Zeitgeist
Akademiestr.
Theresienstr.
Neue Pinakothek
Amber Lounge
Amalienstr.
Geschwister-Scholl-Platz
Chinesischer Turm
MAX-VORSTADT
Vorhoelzer Forum
Universität
Gabelsbergerstr.
Alte Pinakothek
LMU
St.-Ludwig-Kirche
Monopteros
Oettingenstr.
Stiglmaierpl.
Lenbachhaus
Glyptothek
Brandhorst
Pinakothek der Moderne
2
Blutenburgerstr.
Königspl.
Königsplatz
Ägypt. Mus.
Hochschule für Film u. Fernsehen
Staatsbib.
Haus der Kunst
Bayerisches Nationalmuseum
Seidlstr.
Dachauerstr.
Karlstr.
Kath.-v.-Bora-Str.
Karolinenplatz
Brienner Str.
Odeonsplatz
Von-der-Tann-Str.
Theatinerkirche
Hofgarten
Prinzregentenstr.
Arnulfstr.
Café Kosmos
Parkcafé
Alter Botan. Garten
Elisenstr.
Karl-Salvator-kirche
Maximiliansplatz
Residenz
Franz-Josef-Strauß-Ring
1
Widenmayerstr.
Friedensengel
Hauptbahnhof München
Justizpalast
Lenbachplatz
Nationaltheater, Staatsoper
Marstalltheater
Sternstr.
Bayerstr.
Karlspl.
Stachus
Frauenkirche
Michaelskirche
Rathaus
Maximilianstr.
ALTSTADT-LEHEL
Kirche
Paul-Heyse-Str.
Goethestr.
Kaufingerstr.
Marienpl.
Beck am Rathauseck
Kammerspiele
Landwehrstr.
Sonnenstr.
Asamkirche
Heilig-Geist-Kirche
Viktualienmarkt
Hofbräuhaus
Isartor
Praterinsel
Maximilianeum
Hotel Mariandl
Sendlinger Tor
Jüd. Zentrum
Stadt-Filmmus.
Bier- und Oktoberfestmuseum
Valentin Karlstadt Musäum
Müllersches Volksbad
Muffatwerk-Biergarten
Innere Wiener Str.
Beethovenplatz
Blumenstr.
Ludwigsbrücke
Gasteig München
Herzog-Heinrich-Str.
Lindwurmstr.
Gärtnerplatz
Reichenbachstr.
Deutsches Museum
Rosenheimer Str.
Bavariaring
Goethepl.
Südfriedhof
Frauenhoferstr.
Hochstr.

1 Die Münchner Highlights-Tour

Die Highlights-Tour führt uns kreuz und quer durch die Jahrhunderte. Natürlich gehören das Rathaus am Marienplatz, die Residenz der Wittelsbacher, oder die moderne Synagoge und ein Jugendstilbad mit dazu. Und mitten in München gibt es auch grüne Oasen wie den Hofgarten und die Maximiliansanlagen mit ihren schönen, alten Bäumen entlang der Isar.

Marienplatz

Der Marienplatz war schon immer das Zentrum der Stadt. Hier wird im Neuen Rathaus (1867–1919) Stadtpolitik gemacht, nachdem das Alte Rathaus (1310) zu klein geworden war. Hier am Platz ist auch der geografische Mittelpunkt der Stadt, und zwar bei der Mariensäule (1638), die dem Platz seinen heutigen Namen gab. Ein beliebter Treffpunkt ist der plätschernde Fischbrunnen. Gegenüber steht in der Dienerstraße das Kaufhaus Beck, ein schickes Münchner Traditionskaufhaus.

Das alte Rathaus am Marienplatz mit Heilig Geist Kirche

Glockenspiel im Rathausturm • Marienplatz 8 • www.muenchen.de • täglich 11 und 12 Uhr, März–Okt. auch 17 Uhr

Ludwig Beck am Rathauseck
Marienplatz 11, Tel. 089/23 69 10,
www.ludwigbeck.de;
geöffnet Mo–Sa 10–20 Uhr

Wir radeln am Fischbrunnen in die Dienerstraße Richtung Norden und gelangen so zur Rückseite des Rathauses mit dem Marienhof.

Marienhof

Dieser begrünte Platz in so begehrter Lage wird gern als Erholungsort aufgesucht – mit bestem Blick auf die Türme der Frauenkirche. An den Platz grenzt das berühmte Feinkostgeschäft Alois Dallmayr an. Links davon befindet sich das Geschäft »Manufactum«, wo es z. B. edle Fahrradsättel, Sattel- und Radeltaschen gibt.

Dallmayr Dienerstr. 14–15, Tel. 089/213 50, www.dallmayr.de; geöffnet Mo–Mi, Sa 9.30–19 Uhr, Do, Fr 9.30–19.30 Uhr, Restaurant Mi ab 18.30 Uhr, Do–Sa 12–15 Uhr, ab 18.30 Uhr

Manufactum Dienerstr. 12, Tel. 089/23 54 59 00, www.manufactum.de; geöffnet Mo–Sa 9.30–19 Uhr

Wir radeln an den Geschäften vorbei Richtung Norden und geradeaus zum Max-Joseph-Platz.

Max-Joseph-Platz

1806 wurde Bayern von Napoleons Gnaden zum Königreich proklamiert und Max I. Joseph zum König erhoben. Nach diesem Wittelsbacher, dessen Statue in der Mitte des Platzes steht, ist dieser benannt. Eines der Hauptgebäude am Platz ist das Nationaltheater (1811–18), Spielort der Bayerischen Staatsoper und des Bayerischen Staatsballetts. Links neben der Oper ist das Residenztheater, das nach der Zerstörung im Zweiten Weltkrieg auf den Grundmauern des alten Residenztheaters, dem heutigen Cuvilliés-Theater, errichtet wurde. Das »Resi« ist eines der renommiertesten Theater in Deutschland. An der Nordseite des Platzes ist der Königsbau der Residenz (1826–35) zu sehen. Das weitläufige Sommerschloss der Wittelsbacher ist das größte Innenstadtschloss Deutschlands und eines der bedeutendsten Raumkunstmuseen Europas. In der Mitte befindet sich der Eingang ins Museum und zur Schatzkammer. Gleich gegenüber erblicken wir das Palais Törring-Jettenbach und an der Westseite des Max-Joseph-Platzes, an der Residenzstraße, findet sich der Eingang zum Eilleshof (1560), einem der letzten ursprünglich erhaltenen Altmünchner Laubenhöfe.

Nationaltheater/Bayerische Staatsoper Max-Joseph-Platz 2, Tel. 089/21 85 01, www.staatsoper.de

Residenztheater Max-Joseph-Platz 1, Tel. 089/21 85 19 40, www.residenztheater.de

Residenz Max-Joseph-Platz 3, Tel. 089/290 67-1, www.residenz-muenchen.de; geöffnet April bis 15. Okt. täglich 9–18 Uhr, 16. Okt. bis März 10–17 Uhr

Am Max-Joseph-Platz beginnt die Maximilianstraße, die in Richtung Isar verläuft. Wir folgen der Straße ein paar Meter bis zum Hofgraben.

Maximilianstraße

Maximilian II. wollte seinen königlichen Vorfahren nacheifern und ebenfalls eine Prachtstraße bauen. Im Sinne des Historismus wurden hier mehrere Stilrichtungen vereint: niederländische und englische Gotik, romanische und sogar maurische Elemente. Dieser »Maximilianstil« kann als einzigartig bezeichnet werden. Ganz anders als die Ludwigstraße, die eine Straße der Repräsentation ist, vereint die Maximilianstraße luxuriöse Geschäfte, mit Gastronomie, kulturellen Einrichtungen, politischen Institutionen und Wohnbauten. Berühmt-berüchtigt ist außerdem die »Schickimicki-Meile«, der westliche Teil der Straße bis zum Altstadtring, mit den Flagship-Stores. Im Haus Nr. 28 befinden sich die Kammerspiele, eines der besten deutschsprachigen Sprechtheater.

Kammerspiele Maximilianstr. 28, Karten unter Tel. 089/23 39 66 00, www.muenchner-kammerspiele.de

Sonne genießen auf den Steinstufen vor der Residenz

Wir biegen hinter der Oper links in die Alfons-Goppel-Straße und kommen zum Marstallplatz.

Marstallplatz

Das »Brenner«, einer der Hotspots der Münchner Schickeria, befindet sich in den Räumlichkeiten des ehemaligen Pferdestalls der Residenz, dem Marstall. Im Gebäude der ehemaligen Hofreitschule ist heute das Marstalltheater untergebracht; es gilt als Zentrum der zeitgenössischen und avantgardistischen darstellenden Kunst in Europa. Biegt man auf der anderen Straßenseite bei den Schranken links ab, kommt man zum Eingang des spanischen Kulturinstitutes »Instituto Cervantes«. Gegenüber ist die Allerheiligen-Hofkirche (1826–37), die heute für Konzerte und Vorträge genutzt wird. Gleich rechts neben der Kirche liegt der Kabinettgarten, eine kleine Oase der Ruhe mit Wasserspiel.

Brenner Maximilianstr. 15, Tel. 089/452 28 80, www.brennergrill.de

An den Schranken beim »Instituto Cervantes« geradeaus durch die

Torbögen fahrend, gelangen wir in den Apothekenhof und über diesen geradeaus in den Kaiserhof. Von dort aus verlassen wir kurz die Residenz, biegen links in die Residenzstraße und gleich am nächsten Eingang wieder links in die Residenz. Nicht vergessen, die Nasen der Löwen am Eingang zu reiben – das bringt Glück! Der nächste Hof, den wir erreichen, ist der Brunnenhof.

Höfe der Residenz

Unter dem Platz des Apothekenhofs befinden sich noch die Kellergewölbe und Grundmauern der ursprünglichen Wasserburg aus dem 14. Jahrhundert. Ihre Position ist durch rote Steine im Pflaster des Hofs markiert. Im Kaiserhof wird jährlich zur Adventszeit ein stimmungsvolles Weihnachtsdorf aufgebaut. Im Brunnenhof finden im Sommer Konzerte und Theateraufführungen unter freiem Himmel statt. Am Eck zum Apothekenhof ist der Eingang zum Cuvilliés-Theater, dem alten Residenztheater (1751–53).

Der Kaiserhof der Residenz ist einer von vielen, ruhigen Höfen der Residenz

Cuvilliés-Theater • Residenzstr. 1 • Tel. 089/290 67-1 • www.residenz-muenchen.de • Karten für Vorstellungen unter www.residenztheater.de

Wir fahren über den Apothekenhof aus der Residenz hinaus und folgen wieder der Alfons-Goppel-Straße. In der Rechtskurve der Straße biegen wir links ab und fahren in den Hofgarten.

Hofgarten/Staatskanzlei

Die Parkanlage des Hofgartens mit bunten Blumenrabatten, Hecken und umlaufender Baumreihe ist ein Anfang des 17. Jahrhunderts angelegter Barockgarten. Rechts davon steht die Bayerische Staatskanzlei, der Arbeitsplatz des bayerischen Ministerpräsidenten.

Bayerische Staatskanzlei • Franz-Josef-Strauß-Ring 1 • 80539 München • Tel. 089/21 65-0 • www.bayern.de/staatsregierung/staatskanzlei

Wir biegen hinter der Staatskanzlei rechts ab und folgen dem Weg geradeaus über einen kleinen Kanal. Dann überqueren wir an einer Ampel den Franz-Josef-Strauß-Ring und fahren in die Prinzregentenstraße. Dieser folgen wir nun bis über die Isar hinweg.

Im Dirndl lässt es sich sogar auf der Eisbachwelle surfen

Prinzregentenstraße

Auf der anderen Straßenseite sehen wir das Haus der Kunst, ein mächtiges Gebäude mit Säulengang, das zur Zeit der Nationalsozialisten unter Paul Ludwig Troost erbaut wurde. Auf der linken Seite vom Haus der Kunst befindet sich der Eingang zum »P1«, dem bekannten Club von München, in dem sich gern die Prominenz vergnügt. Und rechts ist die Brücke über den Eisbach, an der Fluss-Surfer auf einer Welle reiten (s. »Na-Tour«). Die Prinzregentenstraße wurde zur Zeit des Prinzregenten Luitpold (1886–1912) gebaut und ihm gewidmet. In ihrem weiteren Verlauf sehen wir das Bayerische Nationalmuseum (Prinzregentenstr. 3). Nach dem Überqueren der Isar hat man von der Luitpoldbrücke aus einen guten Blick auf den Friedensengel, der an den Frieden nach dem Deutsch-Französischen Krieg 1870/71 erinnert.

Haus der Kunst Prinzregentenstr. 1, Tel. 089/21 12 71 13; geöffnet Mo, Mi, So 10–18 Uhr, Do 10–22 Uhr, Fr, Sa 10–20 Uhr

Bayerisches Nationalmuseum Prinzregentenstr. 3, Tel. 089/ 211 2401; geöffnet Di–So 10–17 Uhr, Do 10–20 Uhr

Wir biegen nach der Isarbrücke rechts auf den Radweg, der uns durch die Maximiliansanlagen, weiter entlang der Isar führt. Dem Weg folgen wir bis zur nächsten Brücke und kommen in die Nähe des Maximilianeum.

Maximilianeum

Erbaut wurde es als Studienort für hochbegabte Schüler, heute ist an der Schauseite der Bayerische Landtag

untergebracht. Besucher können im Landtag an Plenar- und Ausschusssitzungen teilnehmen, so weit ausreichend Besucherplätze verfügbar sind. Eine Besichtigung der historischen Räume des Maximilianeums ist nur am Tag der offenen Tür möglich.

Max-Planck-Str. 1 • www.bayern.landtag.de/maximilianeum

Nachdem wir unter der Brücke durchgefahren sind, steigt der Weg steil an. Wir halten uns immer am Ufer der Isar, bis uns der Weg rechts über einen Seitenkanal führt, fahren links an einem Kinderspielplatz vorbei und dann rechts auf den Kabelsteg (malerischer Ausblick!). Von dort sehen wir den gelben Schlot der Muffathalle und daneben den Jugendstilbau des Müller'schen Volksbads.

Muffathalle

Nach den Plänen von Karl Muffat wurde hier eine Anlage zur besseren Wasserversorgung der Stadt errichtet und 1837 in Betrieb genommen. Im Jahr 1893 wurde das Werk zum ersten Münchner Elektrizitätswerk umgestaltet. Heutzutage finden in der Halle Konzerte, Vorträge und Partys statt. Der dazugehörige Biergarten ist der einzige in München mit ökologischem Essen – und er hat so lange auf, »bis keiner mehr mag«.

Muffatwerk-Biergarten Zellstr. 4, Wetter-Tel. 089/45 87 50 73, www.muffatwerk.de/de/pages/biergarten; geöffnet bei schönem Wetter ab 12 Uhr bis spät in der Nacht

Müller'sches Volksbad

Das gelbe Gebäude daneben ist das Müller'sche Volksbad, das erste Volksbad in München (1901); es zählt zu den schönsten Badehäusern Europas. Der Bau ist im Jugendstil gehalten, es finden sich aber auch Anklänge an römische Thermen, den süddeutschen Barock und maurische Elemente.

Rosenheimer Str. 1 • www.swm.de • Schwimmhalle geöffnet täglich 7.30–23 Uhr, Di Frauenbadetag 15–20 Uhr • Sauna täglich 9–23 Uhr

Oben: herrlich gelegen– der Biergarten vor der Muffathalle

Unten: Der pompöse Bau der Müller'schen Volksbades

Gehen wir über den Kabelsteg, steuern wir auf die Lukaskirche zu, einen Backsteinbau, der 1892 von A. Schmidt als dritte evangelische Kirche von München erbaut wurde. Hier biegen wir links ab.

Praterinsel

Wer ein Pause machen möchte, geht zur Kiesbank unter der Praterinsel, genießt die Sonne oder wagt einen erfrischenden Sprung in die Isar. Die Isar ist einer der wenigen Flüsse in einer Großstadt, der sauber genug zum Baden ist, und das nicht erst seit der Renaturierung der letzten Jahre. Wer möchte, biegt links auf den Wehrsteg, der die Prater- mit der Museumsinsel mit dem Vater-Rhein-Brunnen verbindet.

Wir erreichen die Ludwigsbrücke und halten uns rechts Richtung Isartor. Dabei blicken wir auf die Museumsinsel mit dem Forum der Technik und dem Turm des Deutschen Museums.

Deutsches Museum

Das Deutsche Museum wurde 1903 von Oskar von Miller gegründet und von Gabriel von Seidl gebaut. Obgleich das Museum viele Nachahmer fand, ist es nach wie vor einzigartig in seiner Art. Auf etwa 45 000 Quadratmetern Fläche bietet es eine riesige thematische Bandbreite. Die Exponate sind, teils interaktiv, zu besichtigen und zu erleben.

Museumsinsel 1 • Tel. 089/21791 • www.deutsches-museum.de • geöffnet täglich 9–17 Uhr

Wir radeln geradeaus weiter in die Zweibrückenstraße, folgen der Straße geradeaus in Richtung Isartor und fahren an diesem rechts vorbei ins Tal.

Isartor

Das Isartor gehört noch zur zweiten mittelalterlichen Stadtbefestigung (Mitte 14. Jh.); weitere Tore aus dieser Zeit sind

Im »Tal« mit Blick auf das Isartor, das das Ende der Altstadt markiert

das Sendlinger und das Karlstor. Im linken Turm des Isartors ist das skurrile »Valentin-Karlstadt-Musäum« untergebracht. Die nächste Gasse, die links vom Tor abgeht, ist die Sterneckergasse. Hier befindet sich im ältesten Bürgerhaus Münchens (14. Jh.) das Bier- und Oktoberfestmuseum mit gemütlichem Bierkeller.

Valentin-Karlstadt-Musäum
Tal 50, Tel. 089/22 32 66, www.valentin-musaeum.de; geöffnet Mo/Di/Do 11.01–17.29 Uhr, Fr–So 11.01–17.59 Uhr

Bier- und Oktoberfestmuseum
Sterneckerstr. 2, Tel. 089/24 23 16 07, www.bier-und-oktoberfestmuseum.de; geöffnet Di–Sa 13–18 Uhr, Museumsstüberl Di–Sa 13–24 Uhr, Mo 18–24 Uhr

Wir bleiben im Tal, bis rechts nach dem »Weißen Bräuhaus« die Maderbräustraße abzweigt. In diese biegen wir ab und fahren die nächste rechts in die Ledererstraße, dann gleich wieder links in die Orlandostraße. Ab hier müssen wir das Rad schieben (Fußgängerzone und Touristenmeile Münchens). Gleichzeitig kommen wir zum mittelalterlichen Kern der Stadt, zum Platzl, wo rechts von uns das Hofbräuhaus steht.

Hofbräuhaus

Das in aller Welt bekannte Hofbräuhaus wurde 1589 unter Herzog Wilhelm V. (1579–97) zur Versorgung von Hof und Gesinde gegründet; erst im 19. Jahrhundert bekam die Stadtbevölkerung die Erlaubnis zum Genuss des guten Getränks.

Hofbräuhaus • Platzl 9 • Tel. 089/29 01 36-100 • www.hofbraeuhaus.de • geöffnet täglich 9–24 Uhr

Wir gehen am Hofbräuhaus entlang, biegen links in die kleine, idyllische Platzlgasse und kommen auf der anderen Seite in die Pfisterstraße. Hier biegen wir links ab und schieben das Rad an der alten Pfistermühle vorbei. Jetzt wieder radelnd, geht's links durch den Torbogen in den mittelalterlichen Alten Hof.

Alter Hof

Der Alte Hof war die erste Residenz der Wittelsbacher und wurde 1253 bis 1474 unter Ludwig II., dem Strengen, erbaut. Unter Kaiser Ludwig dem Bayern wurde der Alte Hof zum Kaisersitz, deswegen sehen wir über dem Tor das Wappen des Heiligen Römischen Reiches Deutscher Nation: den schwarzen Adler auf gelbem (eigentlich golde-

Hofpfisterei
Hofpfisterei
Stephani´s Geflügelparadies
BIO & Freila

nem) Grund. Seitdem hat München die Stadtfarben Gelb und Schwarz.

Wir folgen dem Weg bis zur Burgstraße, die wir bis zum Ende fahren. Dann geht's links durch das Alte Rathaus am Marienplatz und danach gleich rechts in die Straße, die uns zum Viktualienmarkt bringt.

Viktualienmarkt

Rechter Hand von uns folgt eine Metzgerei der anderen, das ist die sogenannte »Metzgerzeile«. Linkerhand ist die Heilig-Geist-Kirche, die zu den ältesten erhaltenen Kirchengebäuden in München gehört. Der malerische Viktualienmarkt im Herzen der Stadt bietet dem Besucher Köstlichkeiten aus aller Welt – wie die Jahreszeiten, so ändern sich auch die verlockenden Düfte der Speisen, die hier an sechs Tagen in der Woche feilgeboten werden.

Heilig-Geist-Kirche Prälat-Miller-Weg 3, Tel. 089/24216890, www.heilig-geist-muenchen.de

Oben: Am Platzl vor dem international berühmten Hofbräuhaus

Unten: Der Viktualienmarkt mit Blick auf die Heilig Geist Kirche

Wir fahren in die Prälat-Zistl-Straße, die an der Schrannenhalle entlangführt. Ihr gegenüber geht es auf den Sebastiansplatz. Wir schieben nun das Rad und gelangen zum Jakobsplatz mit Synagoge und Stadtmuseum.

Jüdisches Zentrum München

Mit dem Kubus der Synagoge Ohel Jakob, einem jüdischen Gemeindehaus, und dem Jüdischen Museum mit koscherem Restaurant hat der Jakobsplatz seit 2006 ein neues, modernes Gesicht bekommen. Der Sockel der Synagoge aus rauem Travertin erinnert an die Klagemauer und die Gitterstruktur, die Davidsterne erkennen lässt, erhellt den Raum aus Zedernholz. Eine Besichtigung der Synagoge ist im Rahmen einer Führung möglich (vorher anmelden!).

Sankt-Jakobs-Platz 18 • Tel. 089/20240 0100 • www.ikg-m.de/juedisches-zentrum/synagogenfuhrungen/

Stadtmuseum/ Filmmuseum

Das angrenzende ehemalige Zeughaus aus dem 15. Jahrhundert beherbergt das Münchner Stadtmuseum mit dem »Stadtcafé« und dem Filmmuseum, das nationale und internationale Filme,

Klassiker und Themenreihen im Originalton zeigt. Hier wird auch cineastisch geforscht und restauriert.

St.-Jakobs-Platz 1 • Tel. 089/23 32 23 70 • www.muenchner-stadtmuseum.de • geöffnet täglich, außer Mo, 10–18 Uhr

Mit dem Bau der Synagoge ist auf dem Jakobsplatz ein neues kulturelles Zentrum entstanden.

Stadtcafé
Sankt-Jakobs-Platz 1, Tel. 089/26 69 49, www.stadtcafe-muenchen.de; geöffnet Di–Sa 11–23 Uhr

Wir folgen der Straße Oberanger nach links, biegen rechts in die Herzog-Wilhelm-Straße und kommen zum Sendlinger Tor.

Sendlinger Tor

Das mittelalterliche Tor ist das südlichste Tor der Altstadt. Heute kann man noch den Rest der einstigen Stadtmauer erkennen.

Wir durchqueren das Tor und fahren entlang der Sendlinger Straße Richtung Marienplatz.

Sendlinger Straße

Heute ist es eine Fußgängerzone mit vielen kleineren Geschäften und einer wichtigen Rokokokirche, der Asamkirche. Sie wurde 1733–46 von den Gebrüdern Asam als Privatkirche erbaut und mit einer reichen, überbordenden Innenausstattung versehen. Von den vielen Brauereien, die es in der Straße ursprünglich gab, ist das Hackerhaus als Stammhaus von Hacker-Pschorr geblieben und verlockt mit altbayerischer Küche.

Asamkirche Sendlinger Str. 32, Tel. 089/23 68 79 89, www.erzbistum-muenchen.de
Hackerhaus Sendlinger Str. 14, Tel. 089/260 50 26, www.hackerhaus.de; geöffnet täglich 11–23 Uhr

Wir schieben das Rad die Rosenstraße geradeaus und gelangen so wieder zum Marienplatz.

Tipps und »G'schichterl« im Zentrum

- Das **Glockenspiel** im Rathausturm ist mit 43 Glocken eines der größten in Europa. Alle Glocken zusammen wiegen etwa sieben Tonnen und wurden 2008 zum Stimmen nach Holland transportiert. Nun erklingen wieder saubere Melodien alter Volkslieder. Unbekannt ist, dass jeden Abend um 21 Uhr das Münchner Kindl zur Musik aus Richard Wagners »Die Meistersinger von Nürnberg« sowie Johannes Brahms' »Wiegenlied« zu Bett gebracht wird – begleitet von einem Nachtwächter und dem Friedensengel.

- Oper für alle? Seit ein paar Jahren werden die **Opern-Festspiele** mit einer Aufführung unter dem Motto »Oper für alle« (www.staatsoper.de) begleitet. Über eine Großleinwand wird dabei ein Stück der Festspiele live auf den Max-Joseph-Platz übertragen. Relativ neu ist die Übertragung des Festspielkonzertes des Bayerischen Staatsorchesters auf dem Marstallplatz.

- Ein Geheimtipp auf der Praterinsel ist das Café **Isarlust**, das zum Alpinen Museum dazugehört und zu den Öffnungszeiten des Museums Kaffee und Kuchen anbietet – ein Ruheort mit Garten direkt an der Isar. Haus des Alpinismus mit Café Isarlust, Praterinsel 5, Tel. 089/211 22 40, www.alpenverein.de/Kultur/Museum; geöffnet Di–So 11–18 Uhr

- Entspannt feiern und den Sonnenuntergang bewundern: Eine einmalige Location auf der Corneliusbrücke über der Isar ist im Sommer der **Kulturstrand**. Auf Liegestühlen im Sand genießt man einen Drink, es gibt ein Musik-, Kinder- und Sportprogramm. Infos zum Kulturstrand unter Tel. 089/51 81 87 40, www.kulturstrand.org, www.praterstrand.de; geöffnet ca. Mitte Juni bis Ende Sept. täglich 12–24 Uhr.

2 Durch die Maxvorstadt

Die Maxvorstadt wurde Anfang des 19. Jahrhunderts von König Max I. Joseph als erste planmäßige Stadterweiterung konzipiert und von seinem Sohn König Ludwig I. im klassizistischen Stil ausgeführt. Ihre städtebaulichen Highlights wie der Königsplatz mit den Propyläen, der Glyptothek und der Antikensammlung, das Siegestor und die elegante Ludwigstraße besuchen wir in diesem Stadtteil, der heute vor allem durch Studenten geprägt ist.

Odeonsplatz

Wir beginnen unsere Tour am Odeonsplatz, der seinen Namen dem Odeon verdankt, einem 1826–28 von Leo von Klenze erbauten Konzertsaal. Im Krieg stark zerstört, wurde das Odeon nur teilweise wieder hergestellt. Heute residiert darin das Bayerische Staatsministerium des Innern, für Bau und Verkehr (Odeonsplatz 3). Am Odeonsplatz finden viele Kundgebungen und Open-Air-Veranstaltungen statt, z. B. »Klassik am Odeonsplatz« (www.klassik-am-odeonsplatz.de). 1663 wurde mit dem Bau der Theatinerkirche begonnen, die Fassade der Kirche jedoch erst unter Kurfürst Maximilian III. Joseph (1745–77) von Francois Cuvilliés dem Älteren im Stil des Rokoko fertiggestellt. Den südlichen Abschluss des Platzes bildet die Feldherrnhalle (1841–44). Im Dritten Reich wurde die Feldherrnhalle zum Kultort der Faschisten, denn hier wurde am 8. November 1923 der Hitlerputsch von der Landespolizei gewaltsam gestoppt. Vor der Feldherrnhalle mit Blick Richtung Ludwigstraße stehend, sehen wir rechter Hand die Residenz der Wittelsbacher. Der Torbogen gleich links neben der Residenz leitet in den Hofgarten.

Theatinerkirche Salvatorplatz 2a, Tel. 089/210 69 60, www.theatinerkirche.de

ARAN FÜNF HÖFE Theatinerstraße 12, Tel: 089/25 54 69 82, geöffnet Mo–Sa 9–19 Uhr, www.aran.coop

Wir schieben das Rad bis zur Ampel linker Hand und reihen uns dann in den Verkehr der Briennerstraße ein.

Briennerstraße

Wir befinden uns nun auf der »Fürstenstraße«, denn diese Route nahmen die Kurfürsten und Könige mit ihren Kutschen und zu Pferd, wenn sie in Richtung des Nymphenburger Schlosses aufbrachen. Auf dem Wittelsbacher Platz auf der rechten Seite steht das Denkmal für Kurfürst Maximilian. Die feine Shoppingmeile der Briennerstraße mit vielen Galerien endet am Platz der Opfer des Nationalsozialismus, auf dem das Denkmal der ewig brennenden Fackel steht.

Wir folgen der Briennerstraße und passieren zwei Ampeln, bis wir den kreisrunden Karolinenplatz erreichen.

Karolinenplatz

Namensgeberin des Platzes war Karoline von Baden, die Frau von König Max I. Joseph und erste bayerische Königin. Der 1809–12 angelegte Platz, mit sternförmig abgehenden Straßen, ist der Place d'Étoile in Paris nachempfunden. Der Obelisk, ein Werk Leo von Klenzes, ist ein Denkmal für die etwa 30 000 Bayern, die im Russland-Feldzug unter Napoleon ums Leben kamen.

Wir starten am Odeonsplatz mit Blick auf die prachtvolle Ludwigstraße

Wir umrunden den Obelisken fast, bis wir in die Barer Straße Richtung Süden einbiegen. Wir bleiben auf der Barer Straße, bis sie auf die Ottostraße trifft. Auf der linken Straßenseite steht das elegante Lenbach-Palais. Wir schieben das Fahrrad weiter Richtung Karlsplatz (Einbahnstraße) und bleiben an der Ecke zur Elisenstraße stehen.

Lenbach-Palais/ Justizpalast

Blicken wir nach links, sehen wir das Künstlerhaus, das 1900 von Gabriel von

Seidl im Geist des Historismus fertiggestellt wurde. Die Münchner Künstlergesellschaft Allotria hatte sich hier einen Ort verwirklicht, an dem sich berühmte Maler, Schriftsteller, Musiker mit der Münchner Gesellschaft trafen. Unten ihnen waren geadelte Künstler wie Franz von Lenbach, Franz von Stuck und Fritz August Kaulbach. Im Jahr 2001 wurde eine Stiftung eingerichtet, die sich für den Erhalt des Gebäudes einsetzt und ein breit gefächertes Kulturprogramm, von Ausstellungen über Lesungen bis zu Konzerten, anbietet. Vor uns sehen wir den imposanten Justizpalast, der 1897 im Stil der Neobarock errichtet wurde. Wer hineingeht, kann im Innern die Glaskuppel bewundern.

Wir fahren durch das Antike Tor in den Alten Botanischen Garten, parallel zur Elisenstraße.

Alter Botanischer Garten

Der Botanische Garten der Stadt wurde 1909 an den Stadtrand, in den heutigen Nymphenburger Park, verlegt, weil damals die Luftverschmutzung in der Innenstadt so stark war, dass die Pflanzen nicht gut gediehen. Bei einem entspannenden Aufenthalt im Parkcafé oder im dazugehörigen Biergarten kann man den Park genießen. Ein Stück weiter geradeaus erreichen wir die In-Kneipe »Café Kosmos« an der Ecke zur Dachauer Straße.

Parkcafé Sophienstr. 7, Tel. 089/51 61 79 80, www.parkcafe089.de; geöffnet Di–Sa 12–23 Uhr, So 10–20 Uhr

Café Kosmos Dachauer Str. 7, Tel. 089/55 29 58 67, www.cafe-kosmos.de; geöffnet Mo–Fr 12–1 Uhr, Sa/So 18–3 Uhr

Wir fahren rechts in die Luisenstraße und bis zur Lenbach-Villa.

Lenbachhaus

Der Malerfürst Franz von Lenbach war ein bedeutender Porträtist des 19. Jahrhunderts. Er ließ sich von Gabriel von Seidl eine Villa als Wohn- und Ateliergebäude erbauen. Das Lenbachhaus besitzt heute die weltweit größte Samm-

Die Lenbachvilla des gleichnamigen »Malerfürsten« beherbergt die Ausstellung des »Blauen Reiter«.

lung zur Kunst des »Blauen Reiters«, einer der bedeutendsten Künstlergruppen der Avantgarde. Seit 1929 ist hier auch die Sammlung der Städtischen Galerie untergebracht. Der Londoner Architekt Norman Foster versah das Lenbachhaus mit einem goldenen Kubus, einem Erweiterungsbau, und sorgte für ein nahezu natürliches Licht in allen Ausstellungsräumen.

Luisenstr. 33 • Tel. 089/23 39 69 • www.lenbachhaus.de • geöffnet Di–So 10–18 Uhr, Do 10–20 Uhr

Der Königsplatz mit den Propyläen ist hier mit bunten Strohhalmballen geschmückt

Anschließend fahren wir am antiken Torbau, den Propyläen, vorbei und gelangen nun auf den Königsplatz.

Königsplatz

Die Propyläen (1842–62) fungierten als krönender Abschluss der damaligen Stadt nach Westen. Das Eingangstor der Athener Akropolis diente als Vorbild. Der Königsplatz wurde im Auftrag des von der Antike begeisterten Königs Ludwig I. erbaut. Die Glyptothek auf der linken Seite ist ein Museum für griechische und römische Skulpturen. Sie wurde 1816–30 von Leo von Klenze errichtet und ist das älteste Museum der Stadt. Die Staatliche Antikensammlung auf der gegenüberliegenden Seite wurde 1838–48 von Georg Friedrich Ziebland erbaut. Als München 1933 von Hitler zur »Hauptstadt der Bewegung« erkoren worden war, wurde der Platz für Aufmärsche der Nationalsozialisten missbraucht. In der heutigen Hochschule für Musik und Theater (Arcisstraße 12) befand sich der Führerbau; hier wurde im Jahr 1938 das Münchner Abkommen beschlossen. Im heutigen Zentralinstitut für Kunstgeschichte (ZI, Meisterstraße 10) befand sich der sogenannte Verwaltungsbau der NSDAP.

Glyptothek und Staatliche Antikensammlung Königsplatz 3, Tel. 089/28 92 75 02, www.antike-am-koenigsplatz.mwn.de/index.php/de/ihr-besuch; geöffnet Di und Do–So 10–17 Uhr, Mi 10–20 Uhr

Wir verlassen nun den Königsplatz Richtung Karolinenplatz, biegen links in die Arcisstraße, fahren an der Hochschule für Musik und Theater vorbei und zum modernen Bau der Hochschule für Film und Fernsehen.

Hochschule für Film und Fernsehen/ Ägyptisches Museum

Der Architekt Peter Böhm konzipierte das Gebäude der Hochschule inklusive Museum. Der Eingang befindet sich an der Gabelsberger Straße, führt aber seit 2012 im Gedenken an einen ihrer bekanntesten Absolventen die Adresse Bernd-Eichinger-Platz 1. Das imposante Portal auf der rechten Seite des Gebäudes ist der Eingang zum Ägyptischen Museum, das sich altägyptischen Exponaten widmet. Die Ausstellungsräume liegen komplett unterirdisch, erhalten aber über ein versenktes Atrium Tageslicht. Die Exponate zeigen über 5000 Jahre Kunst und Kultur des alten Ägyptens.

Hochschule für Fim und Fernsehen München • Bernd-Eichinger-Platz 1 • Tel. 089/68 95 70 • www.hff-muenchen.de

Das Café Klenze in der Alten Pinakothek.

Ägyptisches Museum • Gabelsbergerstr. 35 • Tel. 089/28 92 76 30 • www.smaek.de • geöffnet Di 10–20 Uhr, Mi–So 10–18 Uhr

Im Anschluss daran queren wir die Gabelsbergerstraße und sehen vor uns den lang gezogenen Bau der Gemäldegalerie der Alten Pinakothek.

Alte Pinakothek

Diese wurde im Auftrag König Ludwigs I. von Leo von Klenze erbaut (1826–36). Bei der Eröffnung war diese Pinakothek der größte Museumsbau der Welt. Hier werden europäische Meisterwerke des frühen 14. bis späten 18. Jahrhunderts gezeigt. Auf der linken Straßenseite ist die Mitte des 19. Jahrhunderts von König Ludwig II. gegründete Technische Universität (TUM). Ein Geheimtipp, auch für Nicht-Studenten, ist die Sonnenterrasse des Café Vorhoelzer Forum in der TU mit herrlichem Blick über München.

Barer Str. 27 • Tel. 089/23 80 52 16 • www.pinakothek.de/alte-pinakothek • geöffnet Di–Mi 10–20.30 Uhr, Do–So 10–18 Uhr

Vorhoelzer Forum Arcisstr. 21, Tel. 0157/30 66 52 90, www.ar.tum.de/vf/cafe/; geöffnet täglich ab 10 Uhr, Mai-August ab 9 Uhr

Wir biegen rechts hinter der Alten Pinakothek ab und fahren am Museum entlang. Gegenüber steht die Neue Pinakothek.

Neue Pinakothek

Ursprünglich unter Ludwig I. gebaut, wurde die Pinakothek im Krieg so stark zerstört, dass sie abgerissen werden musste und erst in den 1980er-Jahren von Alexander von Branca neu errichtet werden konnte. Mit der Eröffnung 1853 war die Neue Pinakothek die erste Sammlung »moderner« Kunst weltweit. Hier finden sich Werke des späten 18. bis frühen 20. Jahrhunderts.

Barer Str. 29 • www.pinakothek.de/neue-pinakothek • geschlossen bis etwa 2025

Anschließend queren wir die Barer Straße und kommen zum Eingang der Pinakothek der Moderne. Geradeaus geht es weiter und links am Rohbetonbau entlang, fahren wir auf den bunten und auffälligen Bau des Museums Brandhorst in der Türkenstraße zu.

Pinakothek der Moderne/Museum Brandhorst

Die Pinakothek der Moderne wurde vom Stararchitekten Stefan Braunfels entworfen und 2002 eingeweiht. Sie vereint insgesamt vier Ausstellungen unter einem Dach: die Sammlung für Moderne Kunst und die Staatliche Graphische Sammlung sowie das Architekturmuseum und die Neue Sammlung. Viele Tausende, bunte Keramikstäbe ergeben – je nach Blickwinkel – ganz unterschiedliche optische Eindrücke: Mitten im Münchner Kunstareal präsentiert darüber hinaus das Museum Brandhorst vom Architektenbüro Sauerbruch Hutton über 700 Werke zeitgenössischer Künstler wie Cy Twombly, Bruce Nauman oder Andy Warhol.

Pinakothek der Moderne • Barer Str. 40 • Tel. 089/23 80 53 60 • www.pinakothek.de/pinakothek-der-moderne • geöffnet Di, Mi, Fr–So 10–18 Uhr, Do 10–20 Uhr

Rechts: Das Museum Brandhorst im »Museumsquartier« nahe der Modernen Pinakothek

DEM BAYERISCHEN HEERE

Museum Brandhorst • Theresienstr. 35a • Tel. 089/238 05 22 86 • www.museum-brandhorst.de • geöffnet Di, Mi, Fr–So 10–18 Uhr, Do 10–20 Uhr

Wir fahren nach links und folgen der quirligen Türkenstraße.

Türkenstraße

Vor allem in der Mittagszeit und am Abend wimmelt es in diesem Universitätsviertel von Studenten und eine Radl-Pause macht hier richtig Spaß. In dieser Straße gibt es viele Boutiquen und zahlreiche Bars und Kneipen. Ein Blick in die »Amber Lounge« mit extravaganter Garderobe lohnt. Alles für die Werkstatt und Nützliches und Schönes für den Haushalt findet man im »Suckfüll«. Im Café »Zeitgeist« trifft man sich gern zum Frühstück, Mittagessen oder auf einen Cocktail.

Amber Lounge Türkenstr. 51, Tel. 089/25 54 67 93; geöffnet Mo–Fr 10.30–19.30 Uhr, Sa 10.30–18 Uhr

Suckfüll Türkenstr. 31, Tel. 089/28 66 100; geöffnet Mo–Fr 9–18 Uhr, Sa 9.30–14 Uhr

Oben: Der Brunnen am Geschwister-Scholl-Platz vor dem eindrucksvollen Bau der Universität

Unten: Die Bavaria mit den Bayerischen Löwen (Quadriga) empfängt die Besucher der Stadt am Beginn der Ludwigstraße

Café Zeitgeist Türkenstr. 74, Tel. 089/28 65 98 73, www.089zeitgeist.de; geöffnet Mo–Do 9–1 Uhr, Fr/Sa 9–3 Uhr, So 9–0 Uhr

Bei den Arri-Kinos verlassen wir die Türkenstraße und biegen rechts in die Akademiestraße, wo wir gleich an der Ecke vor einem modernen Stahl-Glas-Neubau (2005) stehen: der Münchner Kunstakademie.

Münchner Kunstakademie

Der Erweiterungsbau der Münchner Kunstakademie wurde realisiert vom avantgardistischen Architekturbüro Coop Himmelb(l)au. Gleich neben dem Neubau sehen wir das klassizistische Gebäude der Akademie der Bildenden Künste, das 1874–85 von Gottfried von Neureuther im Stil des Klassizismus geschaffen wurde.

Akademiestr. 2–4 • Tel. 089/385 20 • www.adbk.de

Wir fahren weiter bis zum Ende der Straße und biegen rechts in die Ludwigstraße, die hier am Siegestor (1843–52) endet. Wir folgen der Straße Richtung Odeonsplatz bis zum Geschwister-Scholl-Platz.

»Weiße Rose« Denkmal vor der Ludwig-Maximilians-Universität im München

Ludwig-Maximilians-Universität München • Geschwister-Scholl-Platz 1 • Tel. 089/21 80-0 • www.uni-muenchen.de

Weiter der Ludwigstraße folgend, sehen wir auf Höhe der Schellingstraße auf der anderen Straßenseite die Pfarr- und Universitätskirche St. Ludwig. Wir bleiben auf der Ludwigstraße und passieren die Bayerische Staatsbibliothek auf der linken Straßenseite.

Geschwister-Scholl-Platz/Ludwig-Maximilian-Universität

Der Platz wurde von den Amerikanern nach dem Krieg zum Gedenken an die Widerstandsgruppe der »Weißen Rose« so benannt. Hier hatten Hans und Sophie Scholl im Februar 1943 ihre Flugblätter im Lichthof der Universität verteilt, waren dabei vom Hausmeister entdeckt, verraten und daraufhin festgenommen worden. Vier Tage später wurden sie verurteilt und hingerichtet. In den Boden eingelassene Flugblätter vor dem Eingang zur Universität mahnen noch heute an dieses Ereignis und im Innern des Gebäudes gibt es ein kleines Museum über die »Weiße Rose«. Die Ludwig-Maximilians-Universität (LMU) wurde 1826 von Ludwig I. von Landshut nach München geholt.

St.-Ludwig-Kirche/ Staatsbibliothek

Dieses Gotteshaus wurde nach Vorgaben Friedrich von Gärtners Mitte des 19. Jahrhunderts erbaut. Die Bayerische Staatsbibliothek zählt mit ihren ca. zehn Millionen Büchern zu den europaweit größten Bibliotheken.

St.-Ludwig-Kirche • Ludwigstr. 22 • Tel. 089/28 77 99 • www.st-ludwig-muenchen.de

Bayerische Staatsbibliothek • Ludwigstr. 16 • Tel. 089/28 63 80 • www.bsb-muenchen.de

Bis zum Ende der Straße am Odeonsplatz erleben wir die »Via Triumphalis« nochmals in ihrer vollen Pracht.

Tipps für Ludwigstraße und Königsplatz

- Jedes Jahr an einem Wochenende um den 14. Juni, dem Geburtstag der Stadt, findet das **Stadtgründungsfest** zwischen Marienplatz und Odeonsplatz statt.

- Eine weitere Veranstaltung ist das **Streetlife Festival**, Münchens größtes Straßenfest auf der Ludwigstraße (www.streetlife-festival.de).

- Ein Geheimtipp am Königsplatz ist das **Café im Innenhof der Glyptothek** und dem Saal VIII, auf das von außen nichts hinweist. Nach Bezahlung von einem Euro Eintritt (oder mit der Jahreskarte für 2,50 Euro) gelangt man vorbei an den Statuen in den idyllischen, ruhigen Innenhof und kann sich an der Selbstbedienungstheke italienische Köstlichkeiten aussuchen.

- Außerdem finden jeden Sommer im Innenhof der Glyptothek empfehlenswerte **Theateraufführungen** klassischer Werke statt (www.theaterspieleglyptothek.de).

- Jeden Sommer finden auf dem **Königsplatz Open-Air**-Veranstaltungen statt: Freilichtkino (www.kinoopenair.de), Opernaufführungen, Klassik- und Rockkonzerte.

3 Die Kirchen-Tour

München ist mit etwa 300 großen und kleinen Kirchen und Kapellen bestückt. Etwa 160 davon sind katholisch. Die meisten Touristen kennen vielleicht die Theatiner-, die Asam- oder die Frauenkirche. Daneben gibt es aber noch so viele unterschiedliche Kirchen, Pfarr-, Schloss- und Dorfkapellen, dass wir gar nicht alle aufzählen können. Eine kleine Auswahl möchten wir hier gern bei dieser Tour vorstellen, die uns vom Altstadtkern über Nymphenburg zum Olympiagelände führen wird.

Salvatorkirche am Salvatorplatz

Am Salvatorplatz findet man seit 1997 das Literaturhaus, in dem u.a. Lesungen und Ausstellungen angeboten werden. Die Salvatorkirche wurde 1493 aus Backstein erbaut. Bis zur Auflassung der Friedhöfe innerhalb des Altstadtringes (1788) war sie vor allem die Friedhofskirche der Pfarrei zu Unserer Lieben Frau (Frauenkirche). Nachdem sie nach der Säkularisation als Lagerhalle und kurzfristig als Gotteshaus für die Protestanten genutzt wurde, kam sie 1828 zur griechisch-orthodoxen Gemeinde, in deren Obhut sie bis heute noch ist. Sehenswert sind die spätgotischen Fresken an der nördlichen Außenmauer.

Salvatorstr. 17 • www.hellas-bayern.de

Vom Salvatorplatz folgen wir der Kardinal-Faulhaber-Straße und biegen dann rechts ab auf den Promenadeplatz (ehemaliger Salzmarkt). Wir fahren am Hotel Bayerischer Hof vorbei und geradeaus in die Pacellistraße bis zur Dreifaltigkeitskirche.

Promenadeplatz mit Dreifaltigkeitskirche

1711 wurde der Grundstein für die Dreifaltigkeitskirche gelegt. Der Entwurf mit der konvex hervortretenden Fassade, der ersten in Bayern, stammte von Antonio Viscardi; nach dessen Tod wurde die Kirche von Enrico Zucalli vollendet. Das Deckenfresko von 1715 mit der Darstellung der Dreifaltigkeit ist eines der Werke Cosmas Damian Asams.

Pacellistr. 6 • Tel. 089/2900820 • www.erzbistum-muenchen.de

Wir fahren die Pacellistraße weiter und biegen rechts ab in die Karmeliterstraße, der wir bis zur Fußgängerzone (Neuhauser Straße) folgen. Auf der rechten Seite passieren wir die unscheinbare Ostseite der Michaelskirche.

Michaelskirche

Dieses imposante Bauwerk wurde ab 1581 erbaut. Es wurde damals als geistiges Zentrum der katholischen Gegenreformation und als Sitz der Jesuiten in

Die Fassade der Jesuitenkirche St. Michael

München errichtet. Der Kirchturm stürzte kurz nach Fertigstellung ein; Friedrich Sustris beendete den Bau mit einer großen Kuppel. Die Kirche gilt heute als größte Renaissancekirche jenseits der Alpen – das Tonnengewölbe im Innern ist nach der Peterskirche in Rom das zweitgrößte der Welt. Die Fassade zeigt den Erzengel Michael und in der Gruft liegt König Ludwig II. begraben.

Neuhauser Str. 6 • Tel. 089/2317060 • www.st-michael-muenchen.de

Augustinerkirche St. Johann Evangelist und St. Johann Baptist

Gleich daneben steht die ehemalige Augustinerkirche. Durch die vielen Läden und die Gastronomie ist sie kaum mehr als Kirchenbau zu erkennen. Es handelt sich hier um die erste Kirche der Augustiner, die 1290 in die Stadt kamen und hier schon bald zu brauen begannen. 1803 wurde das Kloster aufgelöst und das Gebäude profaniert. 1945 wurde das Gebäude wiederaufgebaut; es beherbergt heute u.a. das Fischerei- und Jagdmuseum. Nachgewiesenermaßen gibt es seit dem Jahr 1328 die Augustinerbrauerei in München, bis heute in privater Hand. Bei der Bevölkerung ist es das beliebteste unter den Münchner Bieren. In der Neuhauser Straße 27 entstand das zweite Stammhaus; die traditionelle Gaststätte »Zum Augustiner« ist auf jeden Fall einen Einkehrschwung wert.

Augustiner Stammhaus Neuhauser Str. 27, Tel. 089/23 18 32 57, www.augustiner-restaurant.com; geöffnet Mo–Do 11–22 Uhr, Fr/Sa 11–23 Uhr, So 11–16 Uhr

Jagd- und Fischereimuseum Neuhauser Str. 2, Tel. 089/22 05 22, www.jagd-fischerei-museum.de, geöffnet aktuell tgl. 9.30–17 Uhr

Wir schieben das Rad die Neuhauser Straße in Richtung Karlstor weiter und biegen beim Schuhgeschäft Thomas links ab in die Eisenmannstraße. An der nächsten Kreuzung stehen wir vor der Damenstiftkirche St. Anna.

Damenstiftkirche St. Anna

Sie wurde 1732 von J. B. Gunetzrhainer entworfen. Die kleine Kirche ist mit bedeutenden Gemälden und Fresken ausgestattet. Das ehemalige Klostergebäude rechts neben der Kirche wird seit dem Krieg als Mädchenschule benutzt und ist einer der ersten Bauten des Frühklassizismus in München.

Damenstiftstr. 1 • Tel. 089/23 07 67 70 • www.petrusbruderschaft.de

Wir fahren auf der Herzogspitalbis zur Sonnenstraße, dem Altstadtring, auf den wir rechts abbiegen. Vorbei am Karlsplatz/Stachus, radeln wir zum Künstlerhaus und rechts vom Wittelsbacherbrunnen weiter zum begrünten Maximiliansplatz. Gegenüber vom Maxtor biegen wir am Eingang der Prannerstraße links ab, queren die Grünanlage zwischen den Skulpturen und kommen in die Max-Joseph-Straße. Dieser folgen wir bis zum Karolinenplatz mit dem Obelisken, umrunden diesen fast vollständig und biegen in die Barer Straße. An der Karlstraße radeln wir rechts bis zur Kirche St. Bonifaz.

St. Bonifaz

Die Benediktiner- und Pfarrkirche für die Maxvorstadt wurde 1834–47 im byzantinischen Stil erbaut. Die Kirche ist in ihrer Gestaltung typisch für das romantische Bildungsideal des 19. Jahrhunderts: Dreiklang von Kunst (Ausstellungsgebäude), Wissenschaft (Kloster) und Religion (Basilika). Im östlichen Seitenschiff befinden sich die Grablegen von Ludwig I. und seiner Gemahlin.

Karlstr. 34 • Tel. 089/551 710 • www.sankt-bonifaz.de

Ein italienisch anmutender Ort: der Platz vor St. Bonifaz

Wir fahren die Karlstraße bis zum Ende und biegen rechts ab auf die Luisenstraße. Kurz darauf befinden wir uns an den Propyläen, die den Königsplatz abschließen. Wir biegen links am Goldkubus des Lenbachhauses in die Briennerstraße, die am Stiglmaierplatz in die Nymphenburger Straße übergeht.

Briennerstraße/ Nymphenburger Straße

Dieser ursprüngliche »Fürstenweg« (s. auch S. 27) verbindet die Residenz der Wittelsbacher im Zentrum Münchens mit der Sommerresidenz, dem Schloss Nymphenburg. Das Kino »Cinema« zeigt als einziges Kino in München nur Filme in Originalsprache und in besonderer Tonqualität.

Cinema München Nymphenburger Str. 31, Tel. 089/55 52 55, www.cinema-muenchen.de

Die Nymphenburger Straße quert die Landshuter Allee (Mittlerer Ring) und führt uns zum alten Dorfkern von Neuhausen, dem Rotkreuzplatz.

Rund um den Rotkreuzplatz

Neuhausen wurde 1890 nach München eingemeindet, entstand aber bereits um 900. Am ehesten erinnert an alte Zeiten das Gasthaus Jagdschlössl (seit 1875) mit originalbayerischer Küche und Atmosphäre. Donnerstags findet auf dem Platz von 10–19 Uhr der Wochenmarkt statt. Wer es etwas ruhiger mag und den Charme Neuhausens mit Altbauten und kleinen Vorgärten genießen möchte, fährt die nächste Straße rechts in die Ysenburgstraße, dann links in die Frundsbergstraße und gönnt sich bei einem Cappuccino, Drink oder türkisch-mediterraner Küche eine Auszeit.

Gasthaus Jagdschlössl Nymphenburger Str. 162, Tel. 089/ 168 92 41, www.jagdschloessl-muenchen.de; 10–24 Uhr

Pardi Volkartstr. 24, Tel. 089/ 13 18 50, www.pardi-restaurant.de; geöffnet täglich 9–1 Uhr

Nach dem Rotkreuz-Klinikum biegen wir links in die Volkart- und gleich an der nächsten Kreuzung rechts in die Winthirstraße ab, wo die Winthirkiche steht.

Winthirkirche

Auf dem idyllischen, kleinen Friedhof mit der ursprünglich spätgotischen Dorfkirche fühlt man sich wie in einer Oase der Ruhe. Hier liegt u. a. Oskar von Miller, der Gründer des Deutschen Museums begraben. In der Kirche ist das Grab des »Seligen Winthir von Neuhausen«, von dem nur wenig in Volkserzählungen überliefert ist: Der Maultiertreiber in Neuhausen soll sich zur Zeit der Verbreitung des Christentums als Verkünder des Evangeliums verdient gemacht haben.

Winthirstr. 15

Wir fahren die Winthirstraße ein Stück weiter und biegen dann rechts in die Lachnerstraße ein.

Herz-Jesu-Kirche

Der spektakuläre Kirchenneubau der heutigen Herz-Jesu-Kirche mit frei stehendem Glockenturm (2000 geweiht) stammt von den Münchner Architekten Allmann, Sattler, Wappner. Der Kirchenbau beeindruckt durch das aus blauen, mehrschichtigen Glastäfelchen gestaltete Portal, das die ganze Fassade einnimmt und komplett geöffnet werden kann. Der Glaskünstler Alexander Beleschenko schuf ein Alphabet aus Nägeln, in Anklang an die Kreuzigung und die Wunden Christi. Für jeden Buchstaben des lateinischen Alphabets kreierte er einen eigenen Code für die quadratischen Glasfenster der Front – zusammengesetzt ergeben sich Texte der Passion Christi. In dem Glaskubus befindet sich ein zweiter Kubus, der aus hölzernen Lamellen gestaltet ist und viel Licht in den Innenraum lässt.

Lachnerstr. 8 • Tel. 089/130 67 50 • www.herzjesu-muenchen.de

Anschließend fahren wir die Lachnerstraße zurück und folgen dieser dann bis zu ihrem Ende an der Nibelungenstraße. Auf diese biegen wir dann rechts ab und radeln weiter entlang der ruhigen und begrünten Straße bis wir zum Backsteinbau der Stephanuskirche.

Rechts: Die Winthirkirch – ein Kleinod mitten in Neuhausen

Der moderne Bau der Herz-Jesu-Kirche mit dem gigantischen Eingangstor

Stephanuskirche

Die in den 1930er-Jahren erbaute evangelische Kirche besticht durch ihren behaglich gestalteten Innenraum aus naturbelassenem Fichtenholz, das an bayerische Traditionen erinnert.

Nibelungenstr. 51 • Tel. 089/171450 • www.stephanuskirche.de

Wir fahren weiter auf der Nibelungenstraße, bis sie in die Arnulfstraße übergeht, radeln dort rechts auf den Romanplatz und halten uns am Kreisverkehr links in die Romanstraße. Am Chinesischen Konsulat biegen wir rechts in die Hirschgartenallee und radeln bis zum Schloss Nymphenburg, wo wir bis zum Mittelpavillon des Hauptschlosses fahren.

Schlosskirche und Einsiedelei Nymphenburg

Im zweiten Pavillon rechts vor dem Eingang befindet sich die Schlosskirche St. Magdalena (18. Jh.). Dieser Kirchenbau ersetzte eine hölzerne Kapelle aus dem 14. Jahrhundert, die auf alten Stichen noch zu sehen ist. Die Kirche wurde in den Wohnbereich der Herrscherfamilie integriert und diente als repräsentative Hofkirche, später auch als Pfarrkirche von Nymphenburg/Kemnaten. Vom Parkeingang kann man zu Fuß einen Abstecher in den Park und zur Magdalenenklause machen (ca. fünf Min.): auf dem rechten Kiesweg entlang von Bänken und Blumenrabatten und am Schlosscafé im Palmenhaus vorbei bis über den Kanal, direkt danach rechts ab und den Schildern folgen. Die Magdalenenklause (1725) liegt verträumt im Wald und erinnert an eine vergessene, weltfremde Ruine. In der Muschelgrotte im Inneren ist Maria Magdalena, die Sünderin, zu sehen.

Wieder auf dem Fahrrad, geht's auf der linken Kanalseite vom Schloss weg und am »Metzgerwirt« vorbei auf die Nördliche Auffahrtsallee. Wir radeln nach links in die Tintorettostraße und am Ende der Straße auf dem Brücklein über den Nymphenburg-Biedersteiner Kanal, dann auf der anderen Bachseite rechts weiter und immer geradeaus am Kanal entlang, am Dantebad vorbei bis zum Olympiapark. Links von uns ist das Olympia-Radstadion und gleich darauf erkennen wir das Olympiastadion. Wir fahren bis zu der Schranke auf der rechten Seite. Hier biegen wir rechts ab und folgen den Wegweisern zur Friedenskirche. Wir blicken auf ein großes Gelände mit kleinem Wald in der Mitte, in dem die Ost-West-Friedenskirche steht.

Ost-West-Friedenskirche im Olympiagelände

Die Friedenskirche ist besser bekannt als »Kirche vom Väterchen Timofej«. Im Sommer findet auf dem Festivalgelände das alternative Tollwood-Festival statt, was die Entdeckung der Kirche etwas erschwert. Es ist fast eine fantastische Geschichte (s. S. 45) die der Entstehung der Kirche zugrunde liegt – einer christlichen Kirche, die zur Vereinigung von allen Christen errichtet wurde.

Olympiagelände Süd • Spiridon-Louis-Ring 100 • www.ost-west-friedenskirche.de • geöffnet täglich 11–17 Uhr

Wir verlassen vor dem Olympiaberg rechts das Olympiagelände und folgen den Schildern Richtung Marienplatz bis zur Kreuzung an der Schwere-Reiter-Straße. Wir überqueren die Kreuzung und radeln in die Infanteriestraße. Auf Höhe der Barbarastraße, die linker Hand abzweigt, biegen wir rechts in einen kleinen Weg und stehen vor der Kirche St. Barbara.

Barbarakirche

Ursprünglich war die Kirche eine Lagerhalle auf dem ehemaligen Kasernengelände. Als für die Soldaten religiöse Betreuung gewünscht wurde, wurde sie zur Notkirche und 1923 schließlich zur Garnisonskirche umgebaut. Nach dem Zweiten Weltkrieg war hier die polnische Gemeinde untergebracht. Die Barbarakirche steht in einem verträumten Bauerngarten und hat einen niedrigen Glockenturm. Die Wandbilder stellen die heilige Barbara und den heiligen Joseph dar.

Infanteriestr. 15 • www.st-benno-muenchen.de

Wir fahren auf der Infanteriestraße weiter, die in die Görrestraße übergeht, und folgen dieser bis zur Augustenstraße. Hier biegen wir hier links ab und kommen zum Josephsplatz.

Josephskirche am Josephsplatz

Die Kirche wurde als Klosterkirche der Kapuziner 1898–1902 erbaut und war teilweise Pfarr-, Militär- und Garnisonskirche. Damals sollte die Kirche ein städtebaulicher Schwerpunkt im gerade entstandenen Neubauviertel sein und mit ihrem 63 Meter hohen Turm eine Fernwirkung erzielen. Der Bau des Gotteshauses ist von der Michaelskirche in der Neuhauser Straße inspiriert, was besonders an dem imposanten Tonnengewölbe in Innern der Kirche zu erkennen ist.

Wir fahren zurück zur Josephsstraße, folgen dieser ein paar Meter am Alten Nordfriedhof entlang und biegen links in die Isabellastraße. Wir passieren drei Kreuzungen und fahren bis zur Elisabethstraße, biegen rechts ab, fahren am Elisabethplatz vorei und geradeaus bis zur Römerstraße. Wir fahren bis zur Kaiserstraße, biegen rechts ab und radeln bis zum Kaiserplatz.

St. Ursula

Für das rasch wachsende Dorf Schwabing wurden mehr und größere Kirchen notwendig. Der Auftrag für den Neubau ging 1880 an August von Thiersch; der Architekt berief sich auf die Renaissance und schuf ein besonderes Beispiel des florentinischen Quattrocento in München. Im Restaurant »Kaisergarten« gleich neben der Kirche kann man die Tour hervorragend ausklingen lassen.

Restaurant Kaisergarten Kaiserstr. 34, Tel. 089/34 02 02 03, www.kaisergarten.com; geöffnet: Mo–Fr 11-1 Uhr, Sa/So 10–1 Uhr

St. Ursula im Herzen Schwabings

Die Borstei und Väterchen Timofei

- **Die Borstei:** Das architektonische Kleinod ist gegenüber dem Olympiapark an der Dachauer Straße gelegen. Die Innenhöfe sind mit 60 Kunstwerken, Skulpturen und Brunnen aufgewertet, es gibt ein eigenes Kraftwerk und kleine Läden. Die Borstei wurde 1924–29 als Wohnsiedlung für den Mittelstand nach den Plänen des Architekten Bernhard Borst erbaut und steht unter Denkmalschutz.

- **Väterchen Timofej:** 1952 hatte Timofej eine Erscheinung der Heiligen Maria Mutter Gottes. Sie trug ihm auf, aus seiner Heimat Russland in den Westen zu gehen und eine Kirche zur Versöhnung von Ost und West zu bauen. So begann die lange Odyssee über Österreich nach München. Väterchen Timofej ließ sich auf dem Oberwiesenfeld, dem jetzigen Olympiagelände Süd, mit seiner Lebensgefährtin Natascha zwischen den Trümmern des Krieges nieder. Sie erbauten aus Ruinenschutt und Fundstücken eine kleine orthodoxe Kreuzkuppelkirche im vereinfachten Stil. Mehrmals wurde Timofej verhaftet, da es sich ja eigentlich um einen Schwarzbau handelte, aber er baute unermüdlich weiter. Anfang der 1970er-Jahre wurde aufgrund des nachhaltigen Protests von Münchner Bürgern sogar das Olympiagelände etwas weiter nördlich gelegt, sodass die Kirche und die liebenswürdigen Herrschaften ihre Heimat behalten konnten. Selbst der damalige Oberbürgermeister Ude unterstütze und besuchte Timofej über Jahre hinweg. Bis heute steht hier diese einzigartige Kirche, umgeben von einem alten Obstgarten, einem kleinen Museum und der Erzengel-Michael-Kapelle. Jeder Mensch, egal welcher Religion oder Nationalität, ist eingeladen; es gibt keine Gottesdienste. Väterchen Timofej starb 2004 im Alter von 110 Jahren!

DER MÜNCHNER WESTEN

Bei uns Radlern sind Parks und Grünanlagen beliebt. Zu den grünen Oasen zählen der Bavariapark an der Theresienwiese, der Arnulfpark im neuen Stadtquartier an den Bahngleisen und der Hirschgarten mit dem größten Biergarten der Stadt. Die Würm fließt durch den Westen Münchens und speist den Nymphenburger Kanal, der uns bis in den Olympiapark hinein begleitet.

Die Ludwigsvorstadt ist vom Namen her recht unbekannt, obwohl die Theresienwiese mit der über ihr thronenden Bavaria international bekannt ist. Die Schwanthaler Höhe oberhalb der Wiesn wurde nach dem Wegzug der Münchner Messe durch den Bau eines modernen Wohn- und Geschäftsviertels enorm aufgewertet. Auffallend sind die Backsteinbauten der Augustinerbrauerei in der Landsberger Sraße. Die Straße zieht sich parallel zu den Bahngleisen 6,5 Kilometer nach Westen und trennt diesen Teil Münchens in zwei Hälften. Im angrenzenden Westend kann man nette Geschäfte, Ateliers und Cafés entdecken. Eine wichtige grüne Lunge für die Bewohner dieser Stadtviertel ist der Westpark.

In Laim prägen viele nette, oftmals kleine Einfamilien-, Doppel- oder Reihenhäuser mit schmucken Gärten das Bild. Das Rex-Kino am Agricolaplatz ist eines der ältesten Filmkunsttheater in München.

Im Villenviertel von Nymphenburg ist das imposante Nymphenburger Schloss mit seinem Park ein wunderbarer Ort zum Flanieren. Im Park darf nicht geradelt werden, über Grünanlagen kann man aber an der Schlossmauer entlang bis zur Blutenburg, einer Wasserburg aus dem 15. Jahrhundert, radeln. Zum Stadtbezirk gehören auch das anmutige Gern und das lebenswerte Neuhausen mit viele Gründerzeitbauten.

Vom Monopteros im Englischen Garten genießt man den Blick auf die Türme der Altstadt

Tour 4: Die »NaTour«

Eine Radtour, die zum picknicken und baden im grünen München einlädt

Ausgangs- und Endpunkt: Odeonsplatz (U-Bahn Odeonsplatz)

Weglänge: 21,8 km

Tour 5: Die West-Tour

Spielplatz, Wildgehege und Schokoladenmuseum – eine Radtour nicht nur für Kids

Ausgangspunkt:
Isartor (S-Bahn)
Endpunkt:
Sankt-Pauls-Platz
(U-Bahn Theresienwiese)
Weglänge: 17,5 km

4 Die »NaTour«

Auf überwiegend ruhigen, verkehrsarmen Radwegen mit schönen Plätzen für ein Picknick und zum Baden geht's durch das grüne München. Dabei sehen wir unterschiedliche städtische Grünanlagen: Vom klassischen Hofgarten radeln wir über den Englischen Garten zum Luitpoldpark und durch das Olympiagelände bis zum Schloss Nymphenburg. Auf dem Rückweg kehren wir im größten Biergarten Münchens ein und fahren durch Neuhausen.

Hofgarten

Wir beginnen die Tour am Odeonsplatz beim Café »Luigi Tambosi«, Münchens ältestem, durchgehend betriebenem Caféhaus (seit 1775). Hier gilt: sehen und gesehen werden, denn hier sitzt man bei einem Cappuccino in der Ludwigstraße beim Sonnenbad mit Blick auf die Feldherrnhalle oder bei einem kühlen Bier im Schatten der Kastanien im ruhigen Hofgarten. Dieser wurde Anfang des 17. Jahrhunderts im Stil der italienischen Renaissancegärten angelegt. Heute ist diese Innenstadtoase ein beliebter Treffpunkt für Boule-Partien oder Spaziergänge entlang duftender Blumenrabatten zum Hofgartentempel in der Mitte des Gartens. Manchmal wird hier musiziert und im Sommer treffen sich Salsa- und Tango-Liebhaber zum Tanz.

Café Luigi Tambosi Odeonsplatz 18, Tel. 089/29 83 22, www.tambosi-odeonsplatz.de; geöffnet täglich 10–22 Uhr

Wir fahren entlang der Residenz zur Bayerischen Staatskanzlei und an deren Fassade entlang nach links bis zum Gedenkstein der Opfer des Nationalsozialismus. Dahinter biegen wir rechts, folgen dem Kiesweg und fahren durch die Unterführung in den Englischen Garten.

Englischer Garten

Er heißt so, weil Ende des 18. Jahrhunderts der Gartenarchitekt Friedrich Ludwig von Sckell diesen Park im englischen Landschaftsgartenstil gestaltete. Kennengelernt hatte er den Stil in den Londoner Parks. Heute ist der Englische

Garten mit 3,75 Quadratkilometern neben dem Central Park in New York eine der größten innerstädtischen Anlagen weltweit. Wir biegen an der ersten Brücke rechts ab und kommen zu einem kleinen See. Auf der Insel steht ein original Japanisches Teehaus, wo man im Sommer öffentlichen Vorführungen von Teezeremonien beiwohnen kann.

Japanisches Teehaus Englischer Garten 3, Tel. 089/22 43 19, www.urasenke-muenchen.de; Teezeremonien April–Okt. an den Wochenenden

Wir radeln geradeaus weiter und an der Rückseite vom Haus der Kunst entlang bis zur Prinzregentenstraße.

Eisbach-Surfer

Hinter dem Haus der Kunst fließt der Eisbach, ein Seitenarm der Isar, in den Englischen Garten und staut sich zu einer großen, künstlichen Welle. Von der Brücke auf der linken Seite haben wir einen guten Blick auf die Eisbach-Surfer, die sich dort bei Wind und Wetter, bei Tag und Nacht treffen, um auf der Welle zu balancieren – vor etwa 35 Jahren kam der erste Surfer auf die Idee, auf der Welle zu reiten. Im Eisbach kann man bedenkenlos baden bzw. an seinem Ufer eine Pause einlegen.

Nach der Brücke biegen wir gleich links ab in den Englischen Garten und folgen dem Weg, bis wir auf die Hauptroute treffen. Hier fahren wir nach rechts und kommen zum Hügel mit dem Monopteros.

Monopteros/ Chinesischer Turm

Der Rundtempel im griechischen Stil ist ein Dankeschön König Ludwigs I. an den Gründer des Englischen Gartens, Kurfürst Karl Theodor. Wer sein Rad hinaufschiebt, wird mit einem wunderbaren Blick über die Türme der Altstadt belohnt. Bald darauf kommen wir zum Biergarten am Chinesischen Turm, der 1789 errichtet und 1952, nach der Zerstörung im Krieg, wieder aufgebaut wurde. Er diente ursprünglich als Aus-

Immer wieder spannend den Surfern zuzusehen

sichtsturm; sein Vorbild, die Great Pagoda, steht in Kew Gardens in London. Heute spielt an sonnigen Tagen die Blaskapelle im Turm, während im zweitgrößten Biergarten Münchens Besucher aus aller Welt ihr Bier genießen. Bei Kindern besonders beliebt sind der große Spielplatz und das historische Karussell von 1913.

Historisches Karussell Englischer Garten 2, www.schloesser.bayern.de/deutsch/service; geöffnet April–Okt. bei schönem Wetter täglich ab 14.30 Uhr

Chinesischer Turm Biergarten Englischer Garten 3, Tel. 089/38387320, www.chinaturm.de; geöffnet Mo–Fr 11.30–24 Uhr, Sa/So 11–24 Uhr

Weiter geht es geradeaus am Rumfordschlössl vorbei. Wir überqueren die einzige asphaltierte Straße im Park und radeln geradeaus, bis zu unserer Linken der Kleinhesseloher See mit dem Biergarten »Seehaus« auftaucht.

Kleinhesseloher See

Hier kann man direkt am Seeufer sitzen, die Münchner Schicki-Micki-Szene beobachten oder ein Ruderboot ausleihen und gemütlich über den See schippern. Freiherr von Werneck, der Nachfolger von Graf Rumford, legte den See an und gestaltete den nördlichen Bereich des Englischen Gartens.

Seehaus Biergarten Kleinhesselohe 3, Tel 089/3816130, www.kuffler.de/de/restaurant/seehaus/; geöffnet Mo–Fr 12–1 Uhr, Sa/So ab 11 Uhr, im Winter bei schönem Wetter

Beim Ruderbootverleih biegen wir rechts ab und überqueren den Mittleren Ring über die Fuß- und Radbrücke (kurzer Anstieg). Wir kommen in die Hirschau.

Hirschau

Die Hirschau war für ihren Wildreichtum bekannt. Wir fahren linker Hand an der gleichnamigen Gaststätte vorbei. Im heimeligen Biergarten mit Kinderspielplatz spielen Jazz- und Swingbands auf und an Wochenenden Livebands verschiedener Stilrichtungen. Der nördliche Teil des Parks ist wesentlich ruhiger als der südliche und wurde von den Wittelsbachern als Jagdrevier genutzt.

Hirschau München Restaurant und Biergarten, Gyßlingstr. 15, Tel. 089/360904 90, www.hirschau-muenchen.de; Biergarten geöffnet bei schönem Wetter Mo–Sa 12–23 Uhr, So 11–23 Uhr

Nach ca. 800 Metern biegen wir links in den Ernst-Petzold-Weg, der einzige schnurgerade Weg im Englischen Garten. Danach geht es links in die Osterwaldstraße und an der zweiten Straße gleich wieder rechts ab. Die Amsterdamer Straße führt uns auf einer Brücke über den Isarring und ändert kurz nach der Brücke ihren Namen in Luxemburger Straße, der wir bis zur Ungererstraße folgen. Diese überqueren wir und radeln am Ungererbad, dem größten Freibad Münchens, vorbei. Wir folgen dem Radweg, der uns rechts und gleich wieder links in den Wohnpark Berliner Straße führt, umrunden den Schwabinger See am rechten Ufer und fahren am Seeende auf die Johann-Fichte-Straße, die bald eine Rechtskurve macht. Hier radeln wir am Zwei-Sterne-Restaurant Tantris vorbei. Wir treffen auf die Leopoldstraße und fahren rechts bis zur nächsten Fußgängerampel, wo wir die Straße überqueren und die Parzivalstraße geradeaus weiter radeln. Diese führt uns am Schwabinger Krankenhauses vorbei zum Scheidplatz. Wir überqueren die Belgradstraße und fahren geradeaus am Hügel vorbei in den Luitpoldpark.

Seit Anbeginn des Englischen Gartens war der Biergarten am Chinesischen Turm ein beliebtes Ausflugsziel

Luitpoldpark

Im Jahr 1909 beschloss der Münchner Magistrat, einen Park am Rand der schnell wachsenden Maxvorstadt anzulegen. 1911 wurde zur Eröffnung und zum 90. Geburtstag von Prinzregent Luitpold die 90. Linde gepflanzt. Inmitten des Parks befindet sich das Bamberger Haus, eine Villa im Barockstil mit Restaurant und sonniger Terrasse. Der 37 Meter hohe Luitpoldhügel ist ein Aussichtshügel aus dem Schutt des im Zweiten Weltkrieg stark zerstörten Münchens – und im Winter ein begehrter Schlittenberg.

Bamberger Haus Brunnerstr. 2, Tel. 089/322 12 82 10, www.bambergerhaus.com; Biergarten bei schönem Wetter geöffnet; Mo–Fr 15–23 Uhr, Sa/So 12–23 Uhr, Restaurant Fr 17–1 Uhr, Sa/So 12–1 Uhr

Wir halten uns schräg rechts, fahren am Spielplatz und den Häusern parallel vorbei. Dann radeln wir links von einer Schrebergartenanlage weiter und kommen zur U-Bahn-Haltestelle »Petuelring«. Wir queren die Kreuzung und folgen der Birnauer Straße bis zur Lerchenauer Straße, die wir überqueren und so das Olympiagelände erreichen. Wir fahren über die erste Brücke rechts und gleich wieder links am Olympiasee entlang.

Olympiapark

Das Eislaufstadion stand bereits 1967 und zwar so günstig, dass es in die Olympiaplanung als Boxhalle miteinbezogen wurde. Einen fantastischen Ausblick bis in die Alpen hinein bietet die Aussichtsplattform des Olympiaturms, die man in zwei Minuten mit dem Lift erreicht. Linker Hand sehen wir das »Sea Life«, in dem die Unterwasserwelt der Isar, der Donau und des Schwarzen Meers gezeigt wird. Die Route führt uns weiter geradeaus auf den Coubertinplatz. Hier haben wir einen guten Blick über das hügelige Gelände, das anlässlich der Sommerolympiade 1972 geschaffen wurde. Für die Landschaftsgestaltung wurde Kriegs- und Bauschutt verwendet. So konnte der 564 Meter hohe Olympiaberg geschaffen werden. An seinem östlichen Abhang steht die »Olympia-Alm« mit kleinem Biergarten. Die 75 000 Quadratmeter große Zeltdachkonstruktion von Architekt Frei Otto, die sich über Schwimmhalle, Olympiahalle und Olympiastadion erstreckt, ist einzigartig. Seitdem der Fußball ausgezogen ist, wird das Stadion im Sommer für Open-Air-Veranstaltungen genutzt.

Olympiaturm Spiridon-Louis-Ring 7, Tel. 089/306 70, www.olympiapark.de; geöffnet Mo–Fr 11–20, Sa/So 11–21 Uhr

Blick durch das Glasdach auf den Fernsehturm im Olympiapark

Sea Life Willi-Daume-Platz 1, Tel. 089/45 00 00, www.visitsealife.de/muenchen; geöffnet Mo-Fr 10-17 Uhr, Sa/So 10–18 Uhr

Olympia-Alm Martin-Luther-King-Weg 8, Tel. 089/300 99 24, www.olympiaalm.de; geöffnet täglich 10–22 Uhr

Wir folgen dem Radweg, fahren entlang des Stadions und dann über die breite Brücke. Danach biegen wir scharf links ab; der Weg führt uns in einer Schleife unter der Brücke hindurch. Von hier geht es immer geradeaus am Nymphenburg-Biedersteiner-Kanal entlang.

Dante-Freibad

Nach der Unterführung können wir rechts abbiegen, um zum Eingang vom Dante-Freibad zu gelangen – vielleicht machen Sie ja eine Pause auf dem weitläufigen Freibadgelände mit dem schönen alten Baumbestand? Selbst im Winter kann man hier in den beheizten Becken seine Bahnen ziehen und bei eisigen Temperaturen das Schwimmen unter freiem Himmel genießen.

Postillonstr. 17 • Tel. 089/23 61 50 50 • www.swm.de • geöffnet täglich 7.30–23 Uhr, Mo/Mi/Fr 7–23 Uhr

Wir fahren am Kanal geradeaus bis zum Ende des Freibads, queren die Straße bei den Zebrastreifen und folgen dem Radweg entlang des Bachs. Auf Höhe der Kleingartenanlage queren wir den Bach auf einer kleinen Brücke und fahren geradeaus in die Böcklinstraße.

Villenkolonie Gern

Dies ist die älteste Münchner Reihenhaussiedlung (ab 1892 errichtet). Es handelt sich um zweistöckige, in Gruppen zusammengefasste Häuser im Landhausstil mit historisierenden Formen und unterschiedlichen Grundrissen. Der ruhig gelegene Stadtteil Gern mit seinen stattlichen Villen war durch die Nähe zur Sommerresidenz schon immer eine bessere Wohngegend, in der sich die betuchteren Münchner noch heute gern niederlassen.

Am Ende der Böcklinstraße fahren wir rechts auf die Nördliche Auffahrtsallee und immer entlang des Schlosskanals. Wir sehen das

Schloss Nymphenburg vor uns, heute eine der größten barocken Schlossanlagen in Europa.

Schloss Nymphenburg

Mitte des 17. Jahrhunderts regierte in Bayern Kurfürst Ferdinand Maria. Anlässlich der Geburt des heiß ersehnten Sohnes wollte er seiner Frau ein Dankesgeschenk machen und gab deshalb den Bau einer Sommervilla in Auftrag, aus der sich im Lauf von 100 Jahren und über Generationen hinweg diese prächtige Schlossanlage entwickelte. Die Wittelsbacher nutzten sie als Sommerresidenz. Im dahinter liegenden ca. 210 Hektar großen Schlosspark befinden sich vier weitere kleine Lustschlösser. Im Park ist das Radfahren nicht erlaubt. Gut zu Fuß zu erreichen ist aber die Amalienburg, ein wunderschönes Rokokoschlösschen aus dem 18. Jahrhundert. Im Schloss selbst sind verschiedene Museen untergebracht, beispielsweise das Marstallmuseum mit der Sammlung Bäumler, die Nymphenburger Porzellan zeigt, und das Mensch-und-Natur-Museum. Auch die ehemaligen Zimmer der Familie der Wittelsbacher können besichtigt werden, darunter auch das Geburtszimmer König Ludwigs II.

Oben: Blick auf das Schloss Nymphenburg

Unten: Der Biergarten im königlichen Hirschgarten ist der größte in München

Schloss Nymphenburg 1 • Tel. 089/ 17 90 80 • www.schloss-nymphenburg.de • geöffnet April bis 15. Okt. täglich 9–18 Uhr, 16. Okt. bis März täglich 10–16 Uhr

Museum Mensch und Natur
Schloss Nymphenburg 1, Tel. 089/179 58 90, www.mmn-muenchen.de; geöffnet Di–Fr 10–17 Uhr, Sa/So 10–18 Uhr

Unsere Tour führt uns links am Schloss entlang und dann geradewegs in die Hirschgartenallee.

Hirschgartenallee/ Hirschgarten

Hier gibt es das Alleecafé7 für eine gelungene Pause bei besonders gutem Kaffee aus der eigenen Rösterei. Von Kuchen bis Salatdressing ist alles komplett aus eigener Produktion. Am Ende der Hirschgartenallee stehen wir dann vor dem Eingang des größten Biergartens der Stadt: mit 9000 Sitzplätzen und mit vielen Radl-Stellplätzen. Das Besondere an diesem Biergarten ist zum einen, dass man sich seine Bierkrüge selber spülen muss, und zum anderen gibt es ein Wildgehege mit heimischem Rotwild, das noch an die ursprüngliche

Nutzung dieser Anlage erinnert: Kurfürst Karl Theodor ließ den Hirschgarten Ende des 18. Jahrhunderts als Jagdrevier für den Adel anlegen.

Alleecafé7 Hirschgartenallee 24, Tel. 089/23 96 51 55, www.alleecafe7.de; geöffnet Mi–So 9–17 Uhr

Königlicher Hirschgarten Hirschgarten 1, Tel. 089/17 99 91 19, www.hirschgarten.de; Restaurant geöffnet täglich 11–24 Uhr, Biergarten 11.30–23 Uhr

Wir radeln den Radweg links vom Haupteingang weiter, vorbei an einer Schrebergartensiedlung, bis zu einer großen Kreuzung. Dort fahren wir links über den Steubenplatz und biegen rechts auf die Wendl-Dietrich-Straße, um dann geradewegs zum Rotkreuzplatz zu fahren.

Rund um den Rotkreuzplatz

Wir befinden uns jetzt im Zentrum des Stadtteils Neuhausen. Früher war Neuhausen ein Dorf, das außerhalb von München lag. Mitte des 19. Jahrhunderts wurde es dann im Zuge der Gebietsreform eingemeindet und ist heute ein attraktives und begehrtes Wohnviertel mit netten Kneipen. Wir biegen rechts in die Nymphenburger Straße und fahren wieder Richtung Stadtmitte. Recht bald sehen wir auf der rechten Seite das Eiscafé und Konditorei »Sarcletti«, eine der besten Eisdielen in München mit über 50 verschiedenen Eissorten und hausgemachten Kuchen. Der Gründer, der Trienter Peter Paul Sarcletti, verkaufte bereits 1879 sein erstes selbst gemachtes Speiseeis in München.

Sarcletti Nymphenburger Str. 155, Tel. 089/15 53 14, www.sarcletti.de

Wir queren auf der Nymphenburger Straße den Mittleren Ring und fahren immer geradeaus. Kurz vor dem Stiglmaierplatz sehen wir dann die Löwenbräu-Brauerei, eine der sechs großen Brauereien in München. Weiter geht es geradeaus bis zu den Propyläen am Königsplatz. Wir radeln über den Platz und weiter geradeaus bis zum Karolinenplatz. Dort folgen wir der Brienner Straße und kommen zum Maximiliansplatz, fahren entlang des rot gestrichenen Fahrradstreifens und biegen an der Ampel links ab. Dann ordnen wir uns gleich wieder rechts ein und sind zurück am Odeonsplatz.

Kocherlball und Höhenerlebnisse

- **Der Kocherlball:** Ein Höhepunkt des Biergartens am Chinesischen Turm ist der Kocherlball. Im späten 19. Jahrhundert trafen sich bis zu 5000 Münchner Bedienstete der noblen Familien während der Sommermonate jeden Samstagmorgen zum Tanzen am Chinesischen Turm. 1904 wurde die Veranstaltung aus »Mangel an Sittlichkeit« verboten. Seit 1989 findet der Kocherlball wieder jeden dritten Sonntag im Juli zwischen 6 und 10 Uhr statt.

- **Restaurant 181:** Lohnenswert ist im Olympiapark auch ein Besuch des Drehrestaurants, das sich pro Stunde einmal um sich selbst dreht, während man gemütlich am Fenster sitzt und den Rundumblick genießt. Besonders bei Föhnlage hat man hier das gesamte Alpenpanorama in Reichweite und kann bis zur Zugspitze, dem höchsten Berg Deutschlands, sehen. Das nicht ganz günstige Restaurant befindet sich auf 181 Meter Höhe. Spiridon-Louis-Ring 7, Tel. 089/35 09 48-181, www.restaurant181.com; geöffnet Mo–So 11–16.30 und ab 18 Uhr, letzte Platzierung 21.30 Uhr

- **Zeltdach-Tour:** Bei der Zeltdach-Tour mit oder ohne »Flying Fox« oder 40-Meter-Abseilen ins Stadion kann man auf dem Dach des Olympiastadions überraschende Ausblicke genießen und Wissenswertes rund um die Architektur erfahren (Tel. 089/30 67-24 14, www.touren-olympiapark.de).

Die West-Tour

Diese Tour, auf der wir durch große und kleine Grünanlagen wie den Westpark, den Hirschgarten und den Arnulfpark mit vielen Spielplätzen kommen, beinhaltet zusätzlich noch Unternehmungs-Tipps für Familien mit Kindern, womit sich die Runde auch für Kinder, z. B. im Fahrradsitz, eignet. Ein Schokoladenladen, die Hauptfeuerwache, das Verkehrsmuseum und ein Wildgehege sind einige der Highlights (nicht nur) für Kids. Die Fahrt führt vom Isartor zum Gärtnerplatzviertel und bis nach Laim.

Isartor

Wir beginnen die Tour am Isartor beim Turm mit dem Valentin-Karlstadt-Musäum (s. auch S. 19). In der kalten Jahreszeit gibt es hier Aufführungen für Groß und Klein im Turmstüberl (s. Programm).

Valentin-Karlstadt-Musäum Tal 50, Tel. 089/22 32 66, www.valentin-musaeum.de; geöffnet Mo/Di/Do 11.01–17.29 Uhr, Fr/Sa 11.01–17.59 Uhr, So 10.01–17.59 Uhr

Wir fahren in die Westenriederstraße und kommen an einem Grünstreifen vorbei, dem ehemaligen Zwingerbereich zwischen den Stadtmauern, die die Stadt München in etwa entlang des Altstadtringes umschlossen. Ein Teil der Stadtmauer wurde 2001 ausgegraben.

Westenriederstraße/ Viktualienmarkt

In der Westenriederstraße können Sie sich vor der Tour in gleich zwei kleinen und feinen Schokoladengeschäften mit der zarten Versuchung und weiteren Köstlichkeiten stärken: im »Sama-Sama« und im »Chocolate and More«. Oder Sie gönnen sich einen frisch gepressten Saft auf dem Viktualienmarkt (s. S. 21) – wie wäre es mit einem Fitmacher bei »Müllers Natursaft« oder einem anderen leckeren Saft- und Gemüsedrink an einem der vielen Saftstände?

Der Viktualienmarkt – »Bauch der Stadt« im Herzen der Stadt

Chocolate and More Westenriederstr. 15, www.chocolate-and-more-munich.de; geöffnet Mo–Sa 10–18 Uhr

Am Ende der Straße fahren wir rechts auf die Frauenstraße, auf den Altstadtring und bei der Ampel links in die Reichenbachstraße. Vor uns sehen wir bereits den Brunnen am Gärtnerplatz.

Reichenbachstraße

In der Straße befindet sich das Hotel und Badehaus Deutsche Eiche. Die Sauna erfreut sich größter Beliebtheit und wird im Monat von bis zu 12 000 Männern besucht. Alternativ geht es auf direktem Weg auf die schöne Dachterrasse und genießt bei einem kühlen Getränk die wunderbare Aussicht.

Auf der gegenüberliegenden Straßenseite finden Sie Designerware im Bekleidungsladen »Kauf Dich glücklich«.

Hotel Deutsche Eiche Reichenbachstr. 13, Tel. 089/23 11 660, www.deutsche-eiche.de

Kauf Dich glücklich Reichenbachstr. 14, Tel. 089/25 54 92 69, www.kaufdichglücklich-shop.de; geöffnet Mo–Sa 10.30–20 Uhr

Gärtnerplatz

Der Gärtnerplatz wurde 1860 als zentraler Punkt der neu erbauten Isarvorstadt zu Ehren Friedrich von Gärtners erbaut. Er war ab 1828 neben Leo von Klenze der Hofarchitekt König Ludwigs I. und wir verdanken ihm zahlreiche Bauwerke in der Ludwigstraße (s. »Durch die Maxvorstadt«-Tour). Eine Büste erinnert an den Namensgeber des Platzes, aber auch Leo von Klenze wurde an dieser Stelle ein Denkmal gesetzt: Er steht gegenüber, mit dem Rücken zu Gärtner, was als Symbol ihrer Konkurrenz verstanden werden kann – die beiden konnten sich nie leiden. Das Staatstheater am Gärtnerplatz wurde 1865 auf private Initiative als Aktien-Volkstheater gegründet und sollte ein Pendant zu den Hoftheatern sein. Da es jedoch bald finanziell in Not geriet, machte es König Ludwig II. 1872 zum »Königlichen Volkstheater«. Von An-

fang an stand die damals die in Mode gekommene Operette auf dem Spielplan. Heute werden hier neben Operetten auch Opern, Musicals und Ballett aufgeführt. Die Pension »Gärtnerplatz« in der Klenzestraße ist eine charmante Pension, teilweise mit Antiquitäten in den Zimmern und mit Frühstück mit Produkten aus der Region und Biowaren.

Staatstheater am Gärtnerplatz Gärtnerplatz 3, Tel. 089/21 85 19 60, www.gaertnerplatztheater.de

Pension Gärtnerplatz Klenzestraße 45, Tel. 089/202 51 70, www.pensiongaertnerplatz.de

Wir biegen die nächste Straße rechts ab in die Corneliusstraße. An der Müllerstraße angekommen, fahren wir links, radeln bis zur Papa-Schmid-Straße und in diese rechts hinein.

Marionettentheater/ Feuerwehrmuseum

Das Städtische Hochhaus an der Blumenstraße wurde 1927–29 als sogenanntes Technisches Rathaus gebaut. Heute ist hier das Planungsreferat der Stadt untergebracht. Eine Fahrt in einem der letzten Paternoster Münchens ist sicherlich ein Erlebnis. Auf der Straßeninsel vor uns sehen wir hinter dem dichten Blattwerk ein weißes Gebäude mit kleiner Säulenvorhalle: das Marionettentheater. Das Puppentheater wurde 1900 von Theodor Fischer für die 1858 von Josef Leonhard Schmid (auch »Papa Schmid« genannt) gegründete Puppenbühne mit Kasperl Larifari von Graf von Pocci in der Hauptrolle gebaut. Damals wie heute erfreut es Jung und Alt mit einem vielfältigen Spielplan von Märchen bis hin zu richtigen Opern. Seit der Renovierung 2014 erstrahlt es in neuem Glanz. In der Straße An der Hauptfeuerwache ist das schöne Gebäude der Hauptfeuerwache 1, der ältesten Wache von München, zu sehen. Sie besteht seit 1904. Kleine und große Feuerwehrfreunde besuchen gern das Feuerwehrmuseum bei freiem Eintritt. Eindruck hinterlässt hier besonders die ausgebrannte U-Bahn. Das Museum ist nur samstags geöffnet.

Münchner Marionettentheater • Blumenstr. 32 • Tel. 089/26 57 12 • www.muema-theater.de

Münchner Feuerwehrmuseum • An der Hauptfeuerwache 8 • Tel. 089/23 53 31 86 • www.feuerwehrmuseen.de • geöffnet Sa 9–16 Uhr, feiertags und während des Oktoberfestes geschlossen

Wir queren die Blumenstraße beim Marionettentheater und fahren beim grünen Gebäude, dem Münchner PlanTreff (Referat für Stadtplanung und Bauordnung), in die Angertorstraße. Wir biegen rechts in die Müllerstraße und folgen ihr, bis wir links in die Holzstraße gelangen. Beim Abbiegen achten wir mit großer Vorsicht auf die Tram!

Glockenbachviertel

Hier verlassen wir das Gärtnerplatzviertel und kommen ins Glockenbachviertel, dessen lange Geschichte bis in Mittelalter zurückreicht. Im 15. Jahrhundert lag das städtische Gießhaus noch außerhalb der Stadtmauer, südlich des Sendlinger Tors, an einem der zahlreichen Bäche. Da hier hauptsächlich Glocken gegossen wurden, erhielt der Bach den Namen Glockenbach, den er dann an das Viertel weitergab. Die Bäche wurden für den Antrieb der Mühlen der unterschiedlichsten Manufakturen und für den Warentransport genutzt.

Obgleich die Architektur der Gründerzeit im Viertel an eine bürgerliche Vergangenheit erinnern möchte, täuscht dieser Eindruck – in diesem Viertel wohnten hauptsächlich die Arbeiter der zahlreichen Maschinenfabriken, die sich um die Jahrhundertwende hier ansiedelten und deren Inhaber die Wohnhäuser für ihre Mitarbeiter im Geist der Gründerzeit bauen ließen. Von den Bächen wurden die meisten ab dem Jahr 1966 kanalisiert oder sogar teilweise zubetoniert.

Eine Vielzahl an Cafés, Bars und Restaurants prägen das Viertel.

Die Holzstraße macht an einem Platz einen Knick. Wir fahren hier kurz nach rechts und dann links in die Pestalozzistraße Richtung Süden. Auf Höhe des Grünstreifens am Westermühlbach läuft rechts ein Fußweg auf die Friedhofsmauer vom Südfriedhof zu. Wer sein Rad schiebt, kann hier den verwunschenen Friedhof queren.

Südfriedhof

Der Alte Südfriedhof wurde 1563 als Pestfriedhof »Äußerer Freithof« vor den Toren der Stadt auf Veranlassung von Herzog Albrecht V. angelegt. Zwischen 1788 und 1868 war er der einzige Friedhof der Altstadt, weshalb hier die Gräber vieler Münchner Berühmtheiten zu finden sind.

Auf der anderen Seite des Friedhofs fahren wir rechts in die Thalkirchner Straße und biegen die übernächste Straße links ab auf die Reisingerstraße. Anschließend queren wir die verkehrsreiche Lindwurmstraße, fahren am Nußbaumpark vorbei und dann links in die Nußbaumstraße.

Beethovenplatz

Am Beethovenplatz befindet sich ein Café im Wiener Kaffeehausstil. Hier wird oft Live-Musik (Klassik/Jazz) geboten. Im angeschlossenen Hotel »Mariandl« mit großen Zimmern können problemlos Zusatzbetten aufgestellt werden.

Rauf in den Kopf klettern und zu den Augen der Bavaria über die »Wiesn« blicken – das ist für Jung und Alt ein Erlebnis

Hotel Mariandl & Café am Beethovenplatz Goethestr. 51, Tel. 089/552 91 00, www.mariandl.com; geöffnet täglich 10–1 Uhr (Rezeption und Café)

Wir fahren anschließend auf der Beethovenstraße geradewegs auf die Theresienwiese zu.

Theresienwiese

Jedes Jahr wird hier das Oktoberfest (s. S. 71) – mit über sechs Millionen Besuchern pro Jahr (die um die sieben Millionen Liter Bier trinken!) das größte Bierfestival der Welt – gefeiert. Außerdem gibt es jedes Jahr das Münchner Frühlingsfest, eine kleine Version des Oktoberfests, und das Winter-Tollwood-Festival – ein alternativer Weihnachtsmarkt mit vielen kulturellen Programmpunkten. Auch der Circus Roncalli und der Cirque du Soleil bauten hier schon regelmäßig ihre Zelte auf. Wenn die »Wiesn« ganz brach liegt, ist sie ein Paradies für Spaziergänger, Skater und Radlfahrer.

Am Bavariaring kommt man an manch schöner, alter und wunderbar restaurierter Villa vorbei. Radelt man quer über den Platz, gelangt man zur Bavaria-Statue. Die in ein Bärenfell gekleidete Patronin des Freistaats, bewaffnet mit einem Schwert und gekrönt mit einem Eichenkranz, wacht über Bayern. An ihrer Seite, wie sollte es auch anders sein: ein Löwe und das bayerische Wappen mit dem typischen Rautenmuster. König Ludwig I. hatte die kolossale Bronzestatue in Auftrag gegeben und 1850 konnte die 18,52 Meter hohe Monumentalstatue enthüllt werden. Sie galt seinerzeit als technische Meisterleistung. Entworfen wurde sie von Ludwig Schwanthalter und gegossen von Ferdinand von Miller. Sie ist von der Ruhmeshalle, dem Ehrentempel für wichtige bayerische Persönlichkeiten, umrahmt. Unter anderem sind dort Rudolf Diesel, Ludwig Thoma, Sebastian Kneipp und Lena Christ zu sehen. Wer höher hinaus möchte kann auf einer schmalen Wendeltreppe bis in den Kopf der Statue klettern und durch kleine Öffnungen über München blicken.

Bavaria Theresienhöhe 16, Tel. 089/29 06 71, www.muenchen.de; geöffnet 1. April –13. Okt. täglich 9–18 Uhr (während des Oktoberfests bis 20 Uhr), 14. Okt.–31. März geschlossen

Auf der Theresienhöhe fahren wir ein kurzes Stück nach rechts und biegen dann nach wenigen Metern links ab zum Verkehrszentrum.

Münchner Verkehrszentrum

Das Zentrum ist seit 2003 eine Außenstelle des Deutschen Museums (s. auch »Münchner Highlights-Tour«). In den denkmalgeschützten Jugendstilhallen des ehemaligen Messegeländes werden Exponate zum Thema Stadtverkehr, Reisen und Technik gezeigt. Kinder lieben das Museum und die riesige Schnecke vor dem Eingang.

Am Bavariapark 5 • Tel. 089/21 79 333• www.deutsches-museum.de/verkehrszentrum • geöffnet täglich 9–17 Uhr

Bei der Schnecke fahren wir in den Bavariapark und biegen an der ersten Möglichkeit rechts ab,

Das Verkehrsmuseum in den ehemaligen Messehallen begeistert mit seinen Exponaten

folgen dem Kiesweg geradeaus und kommen zum geteerten Hans-Dürrmeier-Weg mit Blick auf die reizvollen, modernen Wohnbauten des Neubaugebiets von 2002 auf dem alten Messegelände. Hier biegen wir links ab und fahren dann rechts auf dem Radweg in der Ben-Chorin-Straße weiter. Wir queren die Ganghoferstraße und radeln auf dieser links weiter.

Gans am Wasser

An der Fußgänger und Radbrücke fahren wir rechts hinauf und kommen anschließend noch über zwei weitere Brücken, bis wir nach etwa einem halben Kilometer den Westpark erreichen. Am Parksee befindet sich das Café und Kiosk »Gans am Wasser« mit Burgern, Kuchen und Torten sowie einer Bauwagentoilette.

Café Gans am Wasser www.gansamwasser.de, monatlich wechselnde Öffnungszeiten

Westpark

Bevor die Internationale Gartenbauausstellung (IGA) 1983 hier stattfand, war das Areal eine traurige baumlose, landwirtschaftliche Fläche. Unter dem Landschaftsarchitekten Peter Kluska begannen ab 1977 die Arbeiten. Das ca. 72 Hektar große Gebiet wurde damals mit 5000 Bäumen und 100000 Sträuchern begrünt und es entstand eine lang gestreckte Tallandschaft mit Seen, Bachläufen und künstlichen Moränenhügeln, die an die bayerische Voralpenlandschaft erinnern soll. Von den vielen Nationengärten sind nach dem Ende der Ausstellung noch ein paar erhalten geblieben. Durch den Mittleren Ring ist der Park in einen West- und einen Ostteil getrennt.

Wir radeln zunächst durch den Ostteil, links am See entlang. Dann fahren wir über die Brücke und durch ein Tor in den Westteil und halten uns rechts. Wir kommen am Bayerwaldhaus vorbei, das an eine Almhütte erinnert, radeln weiter und sehen vor uns den Westsee mit großer Seebühne. Vor dem See fahren wir rechts ab und kommen zum Asien-Ensemble mit japanischem und chinesischem Garten. Wir fahren zwischen der goldglänzenden Thai-Sala und der Nepal-Pagode hindurch und erreichen eine Straße. Hier biegen wir rechts ab, queren die Autobahn und fahren auf der anderen Brückenseite rechts auf dem Radweg Rubihornweg unter einer Brücke durch und dann ein kurzes Stück parallel zu den Trambahngleisen. Wieder biegen wir rechts ab auf den Hechenwanger Weg und befinden uns im Stadtteil Laim.

Laim

Der Stadtteil im Westen der Stadt, der an Pasing grenzt, zeichnet sich durch die großen Gebäude an der Landsberger Straße, die idyllischen Einfamilienhäuser in der Villenkolonie Schlosspark Laim oder den dörflichen Charakter rund um den Laimer Anger mit der St. Ulrich Kirche aus. Bekannt ist Laim als »Eisenbahnerviertel«, nach der Schließung des Rangierbahnhofs ist Laim heute ein ruhiges Wohngebiet.

Auf Höhe der Schule geht es links in die Leibnizstraße und dann rechts auf die Berchemstraße. Jetzt fahren wir immer geradeaus. In der Straße gibt es viele alte Einfamilienhäuser auf quadratischem Grundriss. Wir queren die Friedenheimer Straße und fahren weiter geradeaus am begrünten Hogenbergplatz und Fröbenplatz mit Spielplätzen vorbei. Wir queren die Agnes-Bernauer-Straße und weiter geht es entlang eines Grünstreifens an der Sandrartstraße. Wir fahren nun links bis zum Ende der Horwerkstraße. Rechts geht es weiter auf der Fürstenriederstraße über die Kreuzung und durch den Fahrradtunnel auf der anderen Seite unter der S-Bahn-Station Laim hindurch. Wir nehmen die erste Straße rechts Richtung Hirschgarten (s. »NaTour«) und folgen dem Radweg in den Hirschgarten.

Hirschgarten

Neben einem Wasserspielplatz und Spielplätzen stehen Bolzplätze, Tischtennisanlagen, Sommerstockbahnen und Bodenspiele wie Dame und Schach zur Verfügung. Der große Biergarten mit dem Hirschgehege verlockt zu einer Pause mit Picknick oder zu einem hausgemachtem Eis.

Königlicher Biergarten,
Hirschgarten 1, 80639 München, www.hirschgarten.de; Biergarten geöffnet täglich 11.30–24 Uhr

Wir folgen dem geteerten Radweg quer durch den Park bis zur

Oben: Auf geht's zur Hüttn im Westpark

Unten: Ein Teil der Parkanlage »Hirschgarten« wird am Wochenende von vielen hundert Besuchern zum Grillen genutzt.

Arnulfstraße. Diese fahren wir Richtung Marienplatz. Wir biegen die erste Straße rechts ab in die Schäringerstraße, folgen der Richelstraße bis zum Ende an der Donnersbergerbrücke, fahren dann nach rechts und dann wieder links unter dem Mittleren Ring hindurch. Auf der Erika-Mann-Straße radeln wir geradewegs auf den Arnulfpark zu, der sich parallel zu den Gleisen hinzieht.

Arnulfpark

Der Arnulfpark ist ein neues Stadtquartier in München mit Wohn- und Bürogebäuden sowie Kultureinrichtungen, Einkaufsmöglichkeiten und einem linearen, vier Hektar großen Park mit Spielplätzen auf dem Gelände des ehemaligen Münchner Containerbahnhofs.

Am Ende des Parks fahren wir links auf die Grete-Mosheimer-Straße und anschließend rechts auf die Arnulfstraße. Dann biegen wir rechts ab zur Hackerbrücke, passieren den Zentralen Omnibusbahnhof (ZOB) mit Einkaufspassage und Gastronomie und überqueren die Gleisanlagen auf der Hackerbrücke.

Hackerbrücke

Sie ist eine der wenigen erhaltenen Bogenbrücken des 19. Jahrhunderts in Deutschland aus Schmiedeeisen und hat sechs genietete Bogenträger.

Auf der anderen Brückenseite fahren wir gleich links auf die Kurt-Haertel-Passage und weiter über die Fußgängerbrücke zur Theresienwiese. Achtung: Familien mit Fahrradanhänger fahren ab Hackerbrücke auf der Straße geradeaus weiter und dann links auf die Bayerstraße und gleich wieder rechts zur Theresienwiese! Wir folgen dem Bavariaring nach links und biegen links ab auf die Straße Sankt-Pauls-Platz. Hier fahren wir nach links zur neogotischen Sankt-Pauls-Kirche.

Sankt-Pauls-Kirche

Die Kirche an der »Wiesn« wurde 1906 fertiggestellt. Mit 97 Metern ist sie eine der höchsten Kirchenbauten in München. Im Volksmund auch »Vorstadtdom« genannt, wurde der Kirchenbau von den wohlhabenden Anwohnern des Villenviertels nördlich der Theresienwiese finanziert. Im Dezember 1960 streifte ein abstürzendes Passagierflugzeug den Hauptturm der Kirche und fiel auf eine vorbeifahrende Trambahn.

Das Oktoberfest und die »Oide Wiesn«

• **Das Oktoberfest:** Der Grund dafür war eine Hochzeit: Der bayerische Kronprinz Ludwig I. heiratete am 12. Oktober 1810 Prinzessin Therese (daher der Name Theresienwiese) von Sachsen-Hildburghausen. Sie feierten mit den Münchnern auf einer Wiese vor den Toren der Stadt. Es gab Freibier, für jeden eine Brotzeit und zur Belustigung des Volks ein Pferderennen. Durch die Entscheidung, das Rennen im folgenden Jahr zu wiederholen, entstand die Tradition des Oktoberfests bzw. der »Wiesn«, wie es im Münchner Volksmund genannt wird. Jedes Jahr vor dem traditionellen Anstich durch den Oberbürgermeister Münchens ziehen die Festwirte und die Abgeordneten der Münchner Brauereien mit geschmückten Gespannen auf die Theresienwiese ein. Einen Tag später marschieren rund 9000 Mitglieder aus Trachten- und Schützenvereinen oder Musikkapellen durch die Stadt. Aufgrund des oft kühlen Wetters im Oktober beginnt das Oktoberfest seit 1872 bereits im September. Eröffnet wird am Samstag nach dem 15. September, Ende des Festes ist der erste Sonntag im Oktober. Familientag ist dienstags von 12 bis 18 Uhr. Viele Fahrgeschäfte und Imbissbuden haben dann Sonderpreise – und es fällt etwas leichter, den großen Augen der Kinder nachzugeben.

• **Die »Oide Wiesn«:** Nach dem riesigen Erfolg der historischen Wiesn auf der 200-Jahr-Feier hatte man sich darauf geeinigt, dieses »Fest im Fest« nun jedes Jahr stattfinden zu lassen, abwechselnd mit dem Zentralen Landwirtschaftsfest, das alle vier Jahre stattfindet. Das historische Festzelt im traditionellen Stil, das Kulturzelt und die historischen Karusselle sind besonders familienfreundlich. Es ist hier alles etwas kleiner, ruhiger und gemütlicher.

DER MÜNCHNER SÜDEN

... ist eine der begehrtesten Wohngegenden Münchens, was sicherlich mit der Nähe zur Isar, zu den Isarauen und zum großen Perlacher Forst zusammenhängt. Ausflugsziele sind der Tierpark und die Biergärten am Isarhochufer. Aber auch die Nähe zu den Bergen und zu den Seen im Alpenvorland, wie z. B. dem Starnberger See, spielt sicherlich eine Rolle.

Thalkirchen ist mit seiner Lage an der mittlerweile renaturierten Isar ein wichtiges Freizeitgebiet in der Stadt. Schräg gegenüber vom Tierpark befindet sich eines der schönsten Freibäder und das einzige Naturbad Münchens: das Maria Einsiedel. Gleich nebenan ist die Floßlände, Anlegeplatz der so begehrten Isar-Floßfahrten, die während der Sommermonate von Wolfratshausen bis München führen. Der Flaucher mit seinen Kiesbänken ist nicht nur für Sonnenanbeter reserviert, sondern in den Abendstunden vor allem für Grill-Fans. Je näher man an den Hochufern der Isar wohnt, desto besser, was sich vor allem in Harlaching und Solln in hohen Mietpreisen niederschlägt. Der FC Bayern und der TSV 1860 haben inmitten eines Wohngebiets in Harlaching ihre Trainingsgelände.

Natur ist in diesem Bereich Münchens reichlich vorhanden. Zwei große Staatsforste, der Perlacher Forst und der Forstenrieder Park, sind perfekt zum Fahrradfahren. Der Auer Mühlbach, der durch Untergiesing und die Au fließt, erhöht die Lebensqualität der Stadtteile.

Auf der Ostseite der Isar befindet sich Grünwald, übrigens als einzige Nicht-Münchner-Gemeinde seit 1910 ans Straßenbahnnetz der Stadt München angebunden. Die Gemeinde ist berühmt für viele prominente Einwohner aus Film, Fernsehen und Industrie, auch für seine alte Burg – und natürlich für die Bavaria Filmstudios am Geiselgasteig.

Der Blick von der Großhesseloher Brücke auf die Isar

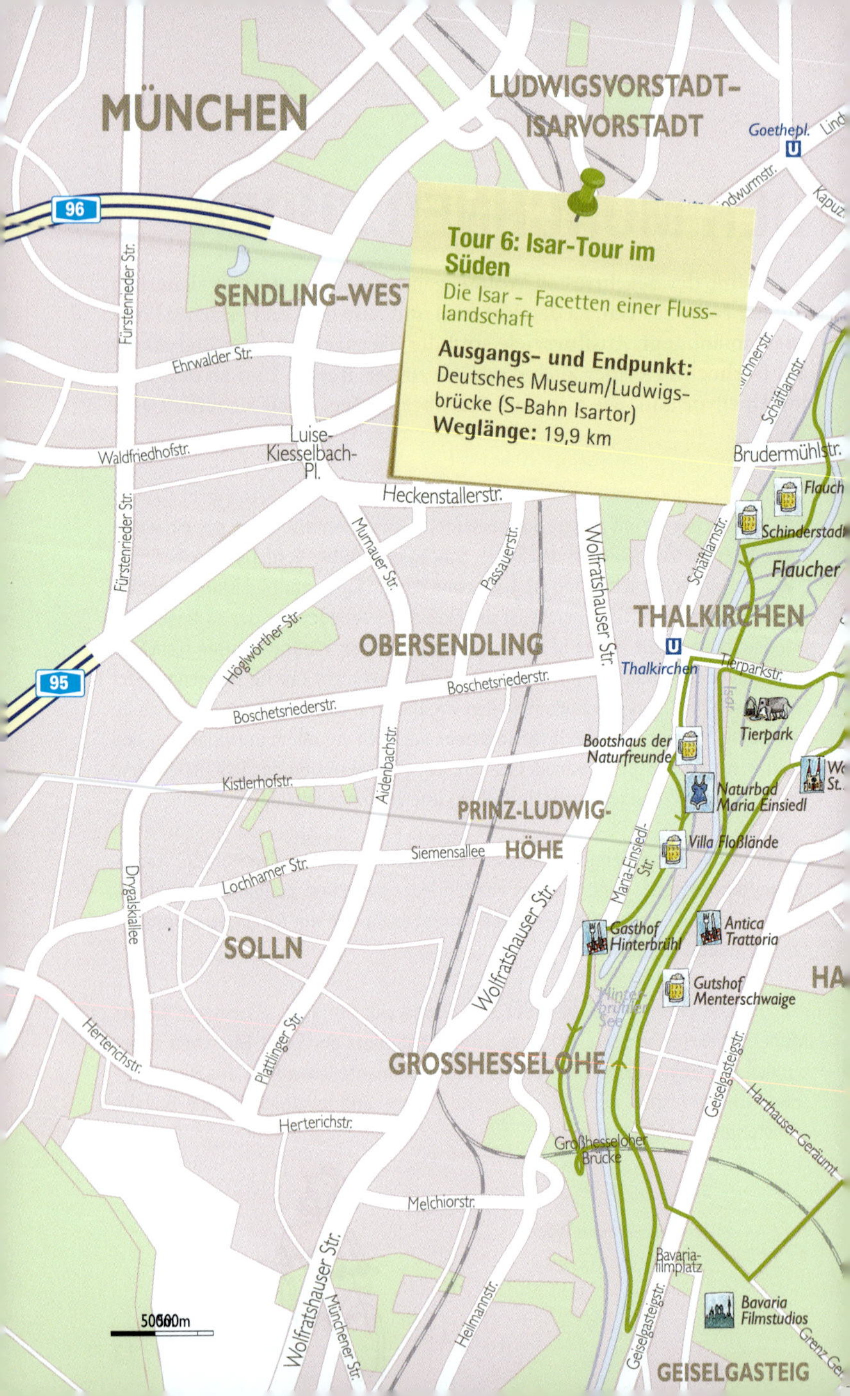
Tour 6: Isar-Tour im Süden
Die Isar - Facetten einer Flusslandschaft
Ausgangs- und Endpunkt: Deutsches Museum/Ludwigsbrücke (S-Bahn Isartor)
Weglänge: 19,9 km
MÜNCHEN
LUDWIGSVORSTADT-ISARVORSTADT
Goethepl.
U
SENDLING-WEST
96
95
Fürstenrieder Str.
Ehrwalder Str.
Waldfriedhofstr.
Luise-Kiesselbach-Pl.
Heckenstallerstr.
Murnauer Str.
Passauerstr.
Wolfratshauser Str.
Schäftlarnstr.
Brudermühlstr.
Flaucher
Schinderstadl
THALKIRCHEN
Thalkirchen
Tierparkstr.
Isar
Tierpark
Höglwörther Str.
OBERSENDLING
Boschetsriederstr.
Bootshaus der Naturfreunde
Kistlerhofstr.
Aidenbachstr.
Naturbad Maria Einsiedl
PRINZ-LUDWIG-HÖHE
Siemensallee
Villa Floßlände
Maria-Einsiedl-Str.
Lochhamer Str.
Drygalskiallee
SOLLN
Gasthof Hinterbrühl
Antica Trattoria
Gutshof Menterschwaige
Hinterbrühler See
Herterichstr.
Plattlinger Str.
GROSSHESSELOHE
Geiselgasteigstr.
Harthauser Geräumt
Großhesseloher Brücke
Melchiorstr.
Bavaria-filmplatz
Bavaria Filmstudios
Wolfratshauser Str.
Münchener Str.
Heilmannstr.
GEISELGASTEIG

Tour 7: Fußball-, Forst- und Film-Tour

FC Bayern, TSV 1860, »60ger-Station« und die Bavaria Filmstudios – alle Top Acts auf einer Tour

Ausgangs- und Endpunkt:
Untersbergstraße
(U-Bahn Untersbergstraße)
Weglänge: 20,5 km

6 Isar-Tour im Süden

Auf dieser Rundtour lernen wir die verschiedenen Facetten einer Flusslandschaft kennen: die gezähmte Isar und ihre Kanäle, die renaturierte Isar mit ihren Kiesbänken sowie den abgeleiteten Auer Mühlbach, der teils unterirdisch und teils oberirdisch verläuft. Schöne Ausblicke von den Brücken und vom Isarhochufer mit den tollen Villen, zahlreichen Einkehrmöglichkeiten und natürlich die Biergärten am Wegrand versüßen die Fahrt.

Wir starten unsere Tour auf der Ludwigsbrücke, fahren auf der Museumsinsel am Forum der Technik entlang und biegen anschließend links in den Innenhof mit Eingang zum Deutschen Museum.

Deutsches Museum

Das Deutsche Museum (s. »Münchner Highlights-Tour«, S. 18) wurde 1903 von Oskar von Miller gegründet. 1300 Betonpfähle, die auf einer Kiesbank stehen, stützen das größte technische Museum der Welt. Auf der anderen Isarseite sehen wir das Deutsche Patentamt (Backsteinbau) und daneben das Europäische Patentamt (schwarzes Stahl-Glas-Gebäude).

Museumsinsel 1 • Tel. 089/2179333 • www.deutsches-museum.de • geöffnet täglich 9–17 Uhr

Wir fahren über die Brücke auf die Patentämter zu und dann links auf den Radweg entlang der Isar Richtung Süden. Die Isar entspringt im Karwendelgebirge, ist etwa 295 Kilometer lang und mündet bei Deggendorf in die Donau. Sie fließt auf einer Strecke von 14 Kilometern durch München. Der Radweg führt uns unter der Reichenbachbrücke hindurch.

St. Maximilian

Kurz danach sehen wir dann auf der rechten Seite die katholische Kirche St. Maximilian, die 1895–1901 als Erinnerungsdenkmal für König Max II. erbaut wurde und dem heiligen Maximilian geweiht wurde. Für eine kleine Getränkeerfrischung und Stärkung biegen wir an der Wittelsbacher Brücke links ab und erreichen nach etwa 50 m Münchens ältesten Kiosk.

Kath. Pfarramt St. Maximilian • Deutingerstr. 4 • Tel. 089/202 40 70 • www.st-maximilian.de

Standl an der Wittelsbacherbrücke Humboldtstr. 1, April bis Oktober, tgl. 10–24 Uhr

Wir radeln die wenigen Meter zurück über die Brücke (natürlich auf der richtigen Fahrbahnseite) und biegen am Ende der Brücke links in die Wittelsbacherstr. ein. Die Straße führt zwischen Westermühlbach und Isar entlang. Vor der Braunauer Eisenbahnbrücke passieren wir rechts eines der drei Wasserkraftwerke der Stadtwerke München, die das Gefälle der Isar zur Stromerzeugung nutzen. Wir radeln unter der Brücke durch und folgen immer dem Radweg entlang des Kanals vom Großen Stadtbach durch das Naherholungsgebiet »Flaucher« mit Blick auf die Schlote des Heizkraftwerks München. Der Weg führt unter der Brudermühlbrücke mit dem Mittleren Ring durch und an der Stadtgärtnerei vorbei zum ruhig gelegenen Biergarten »Am Flaucher«, der nur zu Fuß oder mit dem Rad erreichbar ist.

Radler bei St. Maximilian an der Isar

Am Flaucher

Im 19. Jahrhundert erkannte der Wirt Johann Flaucher, dass das ehemalige Wittelsbacher Jagddomizil, umgeben von dichtem Wald, ein ideales Ausflugslokal sein würde. Ab 1871 strömten dann immer mehr Münchner in die Isarauen. »Geh' ma zum Flaucher«, ist seitdem in München ein geflügeltes Wort. Fahren wir weiter und vor der nächsten Brücke links, sind wir am einer Almhütte ähnlichen »Schinderstadl« mit ein paar Biertischen angekommen. Früher nutzte der Schinder (also der Abdecker) den Stadl. Schieben wir unser Radl direkt am »Schinderstadl« vorbei, gelangen wir auf den Flauchersteg. Der 340 Meter lange Flauchersteg liegt am Südende des Flauchers und verläuft über

Pure Badefreuden im Münchner Naturfreibad »Maria Einsiedel«

das Wehr an den Thalkirchner Überfällen, an denen die Isar einen Höhenunterschied von etwa 2,5 Metern überwindet. Wunderbar ist der Blick über die rauschende Isar und mehrere Kiesinseln. Bei diesem Naturspektakel vergisst man beinahe, dass man mitten in München ist.

Restaurant/Biergarten Zum Flaucher Isarauen 8, Tel. 089/ 72326 77, www.zumflaucher.de; wetterabhängige Öffnungszeiten (s. Webseite)

Schinderstadl Isarauen 2, Tel. 089/28859686, https://www.facebook.com/Schinderstadl; geöffnet bei schönem Wetter Mo–Fr 12–20 Uhr, Sa/So 11–20 Uhr

Auf der anderen Seite der Isar angekommen, folgen wir dem Radweg in Richtung der roten hölzernen Thalkirchner Brücke. Diese queren wir, biegen auf der anderen Seite links am Kanal ab und folgen der Zentralländstraße mit den Bootshäusern der Kanuvereine. Kurz darauf fahren wir an einem der ältesten Freibäder Münchens vorbei, dem Naturbad Maria Einsiedel.

Naturbad Maria Einsiedel

Schon seit 1899 gibt es dieses in den Parks und Auen der Isar gelegene Bad. Auf fast 400 Meter Länge fließt der Isarkanal durch das Bad, in dem man sich wunderbar abkühlen und treiben lassen kann. Seit 2008 kann man in den Becken schwimmen wie in einem See – durch biologische Reinigung des Badewassers kann auf den Einsatz von Chlor und auf chemische Zusätze verzichtet werden. Einzukehren lohnt sich danach im Biergarten vom Bootshaus der Naturfreunde – auf dem schon über 300 Jahre alten Grundstück befand sich einst eine Gastwirtschaft, wo die vorbeikommenden Fuhrwerke verköstigt wurden. Der Biergarten existiert seit 1960 und ist immer noch ein Geheimtipp.

Bootshaus der Naturfreunde Zentralländstr. 16, Tel. 0176/24711475, www.naturfreunde-bezirk-muenchen.de; geöffnet täglich ab 9 Uhr (Nov. bis einschließlich Feb. geschlossen)

Naturbad Maria Einsiedel Zentralländstr. 28, Tel. 089/23615050, www.swm.de; geöffnet während der Freibadesaison ca. Mai–Sept. täglich 9–18 Uhr

Floßlände

Wir radeln an der Gaststätte »Floßlände«, einer Villa aus dem 19. Jahrhundert, geradeaus auf den Kiesweg an der Floßlände oder Zentrallände. Die Zentrallände liegt in Thalkirchen am Ende des Floßkanals. Jedes Jahr legen im Sommer etwa 600 große Flöße an, die verschiedene feiernde Gesellschaften inklusive Blaskapelle von Wolfratshausen die Isar abwärts fahren. Die Flöße werden an der Floßlände auseinandergebaut und wieder zurücktransportiert. Der Campingplatz Thalkirchen liegt direkt an der Floßlände. Links von der Anlegestelle hat der bereits 1913 gegründete Cowboyclub München seinen Sitz.

Villa Floßlände Zentralländstr. 30, Tel. 0176/64127956, www.villa-flosslaende.de; geöffnet Mi/Do 16–22 Uhr, Fr–So 11 – 23 Uhr

Wir radeln geradeaus weiter, machen einen Abstecher auf die kleine Brücke und schauen den Fluss-Surfern beim Wellenreiten zu. Dann fahren wir links und am Kanal entlang Richtung Pullach, kommen am Isarwerk 1 vorbei und in den Hinterbrühler Park.

Hinterbrühler See

Der Hinterbrühler Park wurde 1909 angelegt, nachdem beim Bau des Werkkanals eine Fläche mit nicht versickerndem Wasser zurückblieb. Hieraus wurde der Hinterbrühler See mit einer Insel gestaltet, die über eine Fußgängerbrücke erreichbar ist. Im Winter kann man hier Schlittschuhfahren. Wir radeln rechts am See vorbei und über die Brücke zum Gasthof »Hinterbrühl am See«, der im 18. Jahrhundert aus einer Kalkbrennerei entstanden ist und unter Denkmalschutz steht. Vor allem das gemütliche Innere verlockt zu einer ersten Rast.

Gasthof Hinterbrühl am See Hinterbrühl 2, Tel. 089/794494, www.gasthof-hinterbruehl.de; geöffnet täglich 10.45–22 Uhr

Wir radeln am Gasthof entlang geradeaus und passieren nach ein paar Hundert Metern auf der linken Seite die Skulptur eines Flößers. Nun halten wir uns

immer am Ufer des Kanals, bis dann vor uns die Großhesseloher Brücke auftaucht.

Großhesseloher Brücke

Die Brücke wurde im Zuge des Baus der Bahnstrecke München-Holzkirchen im Jahr 1857 eröffnet und war damals mit 31 Metern die höchste Eisenbahnbrücke der Welt. Entworfen hatte sie der Pionier des Eisenbahnbrückenbaus, Friedrich August von Pauli. Trotz Denkmalschutz wurde die historische Brücke aus Kostengründen gesprengt und 1985 durch eine Neukonstruktion ersetzt. Oben fahren Züge sowie die S-Bahn, während der untere Teil ausschließlich Fußgängern und Radfahrern vorbehalten ist. Vor der Brücke führt rechts ein steiler Weg bergauf. Oben angekommen, fahren wir links der Beschilderung nach und gelangen so auf die Großhesseloher Brücke. Von hier aus hat man einen großartigen Blick über das eiszeitlich geformte Isartal und kann sich am Ergebnis der Renaturierungsmaßnahmen freuen. So ähnlich hat sich wohl früher die einst reißende Isar durch die Flusslandschaft geschlängelt. Seit dem Jahr 2000 wurde die Isar wieder aus ihrem Korsett aus befestigten Ufern befreit und ist nun seit 2011 zwischen Großhesseloher Wehr und dem Deutschen Museum in ihrer natürlichen Vielfalt erlebbar. Die Isar-Renaturierung sorgte nicht nur für eine Verbesserung des Hochwasserschutzes, sondern auch für eine naturnahe Flusslandschaft mit einem hohen Freizeitwert.

Oben: Scheinbar unendliche Natur an der Isar

Unten: Auch der junge Radler genießt den Blick vom Marienklausensteg nahe des Tierparks

Auf der anderen Uferseite folgen wir den Radweg-Zeichen nach rechts Richtung Grünwald (wer die Fahrt abkürzen möchte, fährt hier wie bei Tour 8 beschrieben Richtung Ludwigsbrücke auf dem Hochweg weiter). Nach einem knappen Kilometer nähert sich der Radweg der Straße. Kurz vor der »Grünwalder Einkehr«, einem hochpreisigen Lokal mit feinen Speisen, schieben wir den Weg bergab zur Isar. Unten angekommen, fahren wir nach rechts Richtung Großhesseloher Brücke. Wir genießen die Fahrt direkt an der Isar entlang oder lassen uns zu einer Pause, vielleicht sogar zu einem Sprung ins kalte Nass verleiten. Nach etwa drei Kilometern kommen wir dann zu einer architektonisch interessanten Fußgängerbrücke: dem Marienklausensteg.

Marienklause

Der Marienklausensteg verbindet Harlaching mit Thalkirchen und führt zum Damm des Isar-Werkkanals. Rechts davon im Wald befindet sich die Marienklause. Martin Achleitner war Wassermeister der Auer Mühlbach-Schleuse. Er erbaute die Marienklause, eine Kapelle mit Grotte und Kreuzgang, 1865/66 der Muttergottes zum Dank dafür, dass sie ihn »mehrfach vor dem Tod gerettet« habe. Unter der Klause entspringt die Jakobsquelle. Die kleine Grotte steht unter Denkmalschutz. Seit 1906 wird aus dem Isarkanal auf der westlichen Flussseite an der Brückenschleuse der Auer Mühlbach ausgeleitet. In einem Düker, dessen Verlauf an der Kante des Wasserfalls ablesbar ist, wird er unter der Isar hindurchgeführt und tritt an der Grenze zum Tierpark wieder ans Tageslicht. Ein Blick von der Brücke lohnt sich.

Wir queren den Marienklausensteg aber nicht, sondern fahren Richtung Norden am Tierpark Hellabrunn entlang.

Tierpark Hellabrunn

Seit dem 14. Jahrhundert gab es hier eine Mühle, die zum Adelssitz und Lustschlösschen Hellabrunn gehörte. Nach dem Abbruch wurde 1905 der Verein Zoologischer Garten e.V. gegründet und 1911 dann der Tierpark Hellabrunn eröffnet.

Tierparkstr. 30 • Tel. 089/62 50 80, www.hellabrunn.de • geöffnet Nov. bis Ende März 9–17 Uhr, März–Okt. 9–18 Uhr

Wir fahren am Zoo entlang bis zur Thalkirchner Brücke, biegen rechts ab in die Tierparkstraße und überqueren an der nächsten Kreuzung die Fußgängerampel. Dann folgen wir dem Radweg, der uns über den Auer Mühlbach leitet, und fahren links in die Mörikestraße. Rechts von uns sehen wir die Gaststätte »Siebenbrunn«. Ihren Namen verdankt sie den Hangquellen, die unterhalb der Isarhochterrasse heraustreten. Der ehemalige Adelssitz wurde im frühen 19. Jahrhundert zu einer gern besuchten Ausflugswirtschaft umgebaut. Wir radeln geradeaus und kommen durch eine Schrebergartenanlage. Wir müssen das Rad teilweise schieben, da es sich um einen Fußweg handelt. Nach dem

Der Löwe ist ein wahrlich majestätischer Bewohner im Tierpark Hellabrunn.

Queren einer Brücke geht es weiter auf dem idyllischen Weg am Auer Mühlbach. Am nächsten Abzweig halten wir uns rechts und kommen am Gelände der Krämer'schen Kunstmühle im Stadtteil Giesing vorbei.

Krämer'sche Kunstmühle

Seit 1701 befand sich hier eine Papiermühle, die 1863 unter der Familie Krämer zur Getreidemühle umgebaut wurde. Sie war die erste mit Turbinen betriebene Mühle und der moderne Maschinenpark berechtigte zur Führung des Namens »Kunstmühle«. 2012 wurde das modernisierte Gebäude wiedereröffnet. Seitdem befindet sich hier die Kaffeerösterei Fausto. Hier kann man den Espresso »Giasing« und »Monaco« als nettes Mitbringsel erstehen und für Kaffeeliebhaber werden Baristakurse und Führungen angeboten. Bis heute wird in der Kraemer'schen Kunstmühle mit Wasserkraft Strom erzeugt und man kann die alte Anlage sehen.

FAUSTO KAFFEERÖSTEREI Birkenleiten 43, www.fausto-kaffee.de, Mo–Fr 11–19 Uhr, Sa 10–19 Uhr

Wir sind in der Wohlgemutstraße und biegen am Ende rechts in die Lebschéestraße (der Eingang zur Kunstmühle befindet sich rechts, am Ende der Straße Birkenleiten). Wir folgen dem Fußweg und fahren zu dem bizarren Gebäude mit vielen Türmchen, das nicht so recht in die Umgebung passen will: das Templer-Kloster.

Templer-Kloster

Das neugotische Schlösschen mit dem 87 Meter hohen Kirchturm ist der Hauptsitz der Templer-Ordensgemeinschaft in Deutschland. Gebaut wurde es um das Jahr 1880 im altdeutschen Stil. Als die Templer 1968 hier einzogen, erwies sich das Gebäude bald als zu klein. Es wurde beschlossen einen Glockenturm anzubauen, dabei wurde versucht, traditionelle templerische Bauformen zu verwenden. Alles an diesem Bau hat eine Bedeutung: Die vier Türme, die mit sogenannten Jerusalemkreuzen geschmückt sind, stehen für vier der Apostel. Auf dem großen Zwiebelturm prangt das Patriarchalkreuz des Ordens. Als vorherrschende Formensprache für das Kloster wurde die Gotik gewählt, da dies die große Zeit des Ordens war. Die Ordensangehörigen wirkten selbst am Bau mit, um Kosten zu sparen. Täglich werden hier mittags und abends bis zu 100 Mahlzeiten an Bedürftige ausgegeben.

Am Straßenende folgen wir rechts dem Paul-Herzog-Weg, fahren dann links unter der Brücke in die Lohstraße und gelangen so zur Bäckermühle am Auer Mühlbach.

Bäckermühle am Auer Mühlbach

Bereits im Jahr 957 stand an dieser Stelle eine Mühle, die dem Bischof von Freising gehörte. Die älteste Mühle Giesings wurde 1894 Eigentum der Münchner Bäckerinnung, daher der Name Bäckermühle. Die Mühle wurde abgerissen und stattdessen errichtete ein privater Investor ein Kleinkraftwerk mit Turbinen, das Strom für etwa 620 Haushalte liefern kann.

Wir folgen weiter der Lohstraße (Lohe = Auwald).

Tagelöhnersiedlungen am Auer Mühlbach

Auf dem moorigen, landwirtschaftlich wertlosen Grund entstand ab Mitte des 15. Jahrhunderts eine Tagelöhnersiedlung, an die heute noch die kleinen Häuschen erinnern. Die wilden Siedlungen wuchsen schnell und aus Platzgründen sogar die Hänge des Isarhochufers hinauf. Gegenüber von Hausnummer 60 befindet sich noch heute ein öffentlicher Brunnen, aus dem früher das Trinkwasser geholt wurde.

Am Ende der Lohstraße fahren wir links und auf der Kupferhammerstraße bis zur Pilgersheimerstraße. Wir biegen rechts ab, queren die Humboltstraße und folgen dieser ein paar Meter

Klein-Venedig-Flair am Auer Mühlbach in Untergiesing

nach rechts. Bei dem roten Gebäude radeln wir links in die Nockherstraße. Die kleinen Häuser auf der Hangseite erinnern an die alten Tagelöhnersiedlungen. Wir queren die Straße am Nockherberg (Vorsicht: keine Ampel!), radeln diese ein Stück bergab und biegen dann rechts in den Weg am Neudeck. Seit 2002 fließt der Auer Mühlbach hier wieder oberirdisch. Gegenüber befindet sich die Verwaltung der Paulanerbrauerei. Die Braustätte ist 2016 nach 380 Jahren aus diesem Stadtviertel an den Stadtrand gezogen.

Paulaner Brauerei

Die Paulanermönche wurden im 17. Jahrhundert von Kurfürst Maximilian I. in das Kloster Neudeck berufen. Durch die Erfindung der Dampfmaschine und der Kühlmaschine von Carl von Linde (1875) wurden konstante Produktqualität und ganzjähriges Brauen möglich. Paulaner war eine der ersten Brauereien mit modernen Kühlanlagen und exportiert sein Bier mittlerweile in über 70 Länder weltweit.

Treffpunkt für eine Führung durch die Brauerei: Falkenstr. 11, direkt am Fuß des Nockherbergs • Infos unter Tel. 089/48005-871 • www.paulaner.de

Ruhige Straßen mitten im Zentrum von München nahe der Ludwigsbrücke

Wir radeln an der ehemaligen Justizvollzugsanstalt Neudeck entlang. Bis 2010 befanden sich hier 124 Haftplätze für Frauen und jugendliche Straftäter. Leider verkaufte der Freistaat das Areal und auf dem Gelände entstehen bis zum Frühjahr 2021 Eigentumswohnungen mit einem Quadratmeterpreis von »nur« 20 000 €. An der Polizeiinspektion biegen wir links ab und kommen zum Mariahilfplatz.

Mariahilfplatz

Mariahilf ist die erste neogotische Kirche Deutschlands und wurde auf Initiative König Ludwigs I. erbaut und 1839 geweiht. Wir stehen hier im alten Ortskern der Gemeinde Au, wo dreimal im Jahr (im Mai, Juli und Oktober) die großen Dulten stattfinden. Die erste Dult gab es bereits 1310, aber erst seit 1905 wird sie regelmäßig abgehalten. Die Dult hatte damals die Bedeutung einer heutigen Handwerksmesse. Angeboten werden Geschirr, Töpfe, Kleider, Bücher, Antiquitäten sowie allerlei Köstlichkeiten, die bis zu 100 000 Menschen anlocken.

Event **Auer Dult** Maidult im Mai, Jakobidult im Juli/Aug. und Kirchweihdult im Okt. Am Mariahilfplatz, www.auerdult.de

Wir biegen vor dem Platz rechts ab, queren die Gebsattelstraße, fahren ein kleines Stück rechts und dann links das Herrgottseck entlang und auf der Franz-Prüller-Straße weiter. Die kleinen Häuser und Gassen vermitteln eine dörfliche Idylle inmitten der Großstadt. Am Wageck fahren wir links, dann rechts auf die Lilienstraße und weiter bis zum Paulanerplatz.

Die Auer Dult auf dem Mariahilfplatz

Paulanerplatz

Am Paulanerplatz sollten wir uns einen gemütlichen Ausklang der Tour im »Wirtshaus in der Au« (von 1901) gönnen oder einen Kinoabend im Kino »Museum Lichtspiele«. Seit 1910 gibt es dieses Kino mit den kleinen, charmanten Sälen, und seit 1977 läuft hier wöchentlich die »Rocky-Horror-Picture Show« freitags und samstags in der Spätvorstellung.

Wirtshaus in der Au Lilienstr. 51, Tel. 089/448 14 00, www.wirtshausinderau.de

Museum Lichtspiele Lilienstr. 2, Tel. 089/48 24 03, www.museum-lichtspiele.de

Die Lilienstraße weiterfahrend, erreichen wir wieder die Ludwigsbrücke. Der Auer Mühlbach führt noch ein Stück weiter und fließt dann bei der Praterinsel wieder in die Isar.

Die Isar-Flößerei und der Tierpark

- **Die Flößerei:** Vor der Einführung der Eisenbahn war die Isar ein wichtiger Verkehrsweg aus den Alpen nach München; damals konnte man ab Mittenwald mit den Flößen fahren. Holz war bis ins 14. Jahrhundert hinein das meistverwendete Baumaterial und wurde per Floß aus dem waldreichen Alpenvorland in die Stadt transportiert – allein für den Dachstuhl der Frauenkirche wurden damals 147 Flöße mit Holz benötigt. Auch andere Materialien wie Kohle, Kalk und Stein, Lebensmittel und sogar Tiere kamen auf dem Floß nach München. Ab dem 17. Jahrhundert konnte man u.a. per Floß bis nach Wien reisen. Je nach Wetter dauerte die Reise zwischen sechs und neun Tagen. Die Flößerei erreichte ihren Höhepunkt um 1870, als bis zu 10000 Flöße pro Jahr München erreichten. Heute wird die Flößerei nur noch als touristische Attraktion betrieben.

- **Tierpark Hellabrunn:** Der Architekt Emanuel von Seidl erarbeitete den künstlerischen Generalplan und schaffte in der vom Auer Mühlbach durchflossenen Auenlandschaft ein Gelände für naturnahe Tierhaltung. Sein architektonisches Paradestück im Park ist das 1914 erbaute Elefantenhaus im byzantinischen Stil, auf das er die damals größte freitragende Stahlbetonkuppel der Welt setzte; diese Kuppel musste 2014 leider gesprengt werden. Eröffnet wurde der Tierpark 1911. Nach dem Ersten Weltkrieg musste der Zoo schließen; er wurde unter Heinz Heck 1928 wieder eröffnet. Durch sein Konzept der Rück- und Neuzüchtung ausgestorbener Tierarten, wie z.B. von Tarpan und Auerochse, erlangte der Tierpark als Geo-Zoo weltweite Anerkennung.

7 Fußball-, Forst- und Film-Tour

Diese Rundtour führt überwiegend auf Radwegen durch die Natur. Fernab vom Verkehr fahren wir durch das Waldgebiet im Münchner Süden, den Perlacher Forst und zurück am Isarhochufer mit dem Biergarten Menterschwaige. Fußballfans kommen auf ihre Kosten, denn wir radeln am Trainingsgelände vom FC Bayern, vom TSV 1860 und am »60er-Stadion« vorbei. Freunde von Film und Fernsehen machen einen Halt bei den renommierten Bavaria Filmstudios.

Wir fahren von der U-Bahn-Haltestelle »Untersbergstraße« immer die mit großen Platanen gesäumte Untersbergstraße Richtung Süden. Bald ist auf der linken Straßenseite eine Parkanlage zu sehen, in die ein Weg führt.

Weißenseepark

Im Weißenseepark im Stadtteil Obergiesing gibt es Grünflächen mit großen Findlingen und ein Biotop sowie diverse »Spielinseln« (von Basketball bis Sommerstockbahn). Wir halten uns im Park parallel zur Untersbergstraße und kommen am »Pumptrack Giesing« vorbei. Ein Pumptrack ist eine für Dirtbikes und BMX-Räder gestaltete Bahn. Ohne zu treten versucht man durch Ziehen und Drücken mit dem Fahrrad Geschwindigkeit aufzubauen.

Wir queren die Weißenseestraße und folgen dem Fuß-/Radweg durch eine Grünanlage. Der Weg führt direkt zur stark befahrenen Kreuzung am St.-Quirin-Platz. Wir orientieren uns an den Radwegzeichen und queren die Kreuzung Richtung Harlaching hin zur U-Bahn-Haltestelle »St.-Quirin-Platz«.

St.-Quirin-Platz

Der U-Bahnhof »St.-Quirin-Platz« gilt als architektonisch einzigartig unter den Bahn-

Der modernste U-Bahnhof in München: St-Quirin-Platz

höfen der Münchner U-Bahn: Eine aufwendige muschelförmige Dachkonstruktion aus Glas spannt sich über den Bahnhof und die Bahnsteigwände bestehen aus rau belassenen und unbehandelten Bohrpfählen. Der Eingang öffnet sich zur Grünanlage »Am Hohen Weg« hin.

Wir fahren auf dem Radweg entlang der Anhöhe. Rechts geht die Klausener Straße ab, in der sich der Eingang zum Hallenbad Giesing-Harlaching (Öffnungszeiten unter www.swm.de) befindet. Wir radeln dann auf der Anhöhe weiter, die uns bald einen hervorragenden Blick auf das Trainingsgelände des FC Bayern ermöglicht.

Trainingsgelände des FC Bayern

Der FC Bayern hat eines der modernsten Trainingsgelände weltweit. Besucher können ein Training der Fußballstars live miterleben, der Trainingsplan ist im Internet aktuell zu ersehen. Auf 70 000 Quadratmetern trainiert der Verein auf fünf Rasenplätzen, davon sind zwei sogar beheizt! Einkehren kann man zu den Trainingszeiten der Profis auf dem Gelände im »Paulaner Treff«, das von niemand Geringerem als Sternekoch Alfons Schuhbeck betrieben wird. Der FC Bayern ist deutscher Rekordmeister und einer der mitgliederstärksten Vereine weltweit. Seit der Saison 1965/66 spielt der Verein ununterbrochen in der Bundesliga. Die Vereinsfarben sind Rot und Weiß. Berühmtester Spieler des Vereins ist »Kaiser« Franz Beckenbauer; der Ehrenpräsident vom FC Bayern startete 1964 bei dem Verein seine Karriere und spielte von 1965–83 als Profifußballer.

Säbener Str. 57 • Tel. 089/642 79 30 • www.fcbayern.de

Wir fahren weiter durch die Grünanlage, bis der Park von der Säbener Straße durchkreuzt wird, und folgen nun den Radwegezeichen nach links Richtung Perlacher Forst und weiter zum Säbener

STUDIO
12
BAYERISCHE FILMHALLE
BAVARIA FILMSTADT
TELE 5

Platz. Hier fahren wir geradewegs in den Perlacher Forst und folgen immer dem geteerten Radweg.

Perlacher Forst mit Perlacher Mugl

Das 13,36 Quadratkilometer große gemeindefreie Waldgebiet liegt im Südosten von München und ist ein wichtiges Naherholungsgebiet. Schnurgerade Wege ziehen sich durch den Forst. Nach etwa zwei Kilometern machen wir einen ersten Abstecher auf den Perlacher Mugl, einen Aussichtsberg mit Blick über die Bäume auf die Bergkette (bei entsprechendem Wetter) und Informationstafeln zum Thema »Forsten«. Der Hügel entstand aus dem Aushub des Mc-Graw-Grabens auf dem Gebiet der ehemaligen amerikanischen McGraw-Kaserne.

Dann fahren wir wieder auf dem geteerten Weg bis zum nächsten kreuzenden Weg, dem »Harthauser Geräumt«, biegen rechts ab und radeln erneut bis zum dritten ihn kreuzenden Weg, dem »Gaiselgasteig Geräumt«. Wir folgen diesem nach links und fahren alsbald unter den S-Bahn-/Zuggleisen hindurch. Nach etwa 300 Metern erkennen wir durch die Bäume eine Straße, die Bavariafilm-Straße, die uns nach links zum Eingang der Bavaria Filmstadt bringt.

Oben: Kostenfreie »Plätze« am Trainingsgelände des FC Bayern

Unten: Die riesige Halle auf dem Gelände der renommierten Bavaria Film Studios

Bavaria Filmstudios

Schon an der Straße sehen wir einige Filmkulissen und am Eingang der Bavaria Filmstadt steht die 3000 Quadratmeter große Filmhalle, das Studio 12. 1981 wurde die Filmstadt in Grünwald im Ortsteil Geiselgasteig eröffnet. Seitdem können die Besucher auf einer geführten Tour die Kulissen berühmter Filme (von z. B. »Das Boot« oder »Die unendliche Geschichte«) und Fernsehserien (»Sturm der Liebe«) sowie Tipps und Tricks rund ums Filmen erleben.

Bavariafilmplatz 7 • 82031 Grünwald, Tel. 089/6499-2000 • www.filmstadt.de • geöffnet Anfang Nov. bis Ende März täglich 10–17 Uhr, Ende März bis Anfang Nov. 9–18 Uhr

Wir folgen wieder dem Radweg im Wald Richtung Großhesseloher Brücke, queren die Geiselgasteiger Straße und fahren geradeaus bis zur Hochleite, dem Erholungsgebiet am Hochufer der Isar, das hier etwa 30 Meter hoch ist. Radweg-Zeichen weisen uns den Weg Richtung München/ Ludwigsbrücke. Nach 500 Metern kommen wir an einem Häuschen mit hübschem Garten vorbei, dem Lola-Montez-Haus beim Gutshof Menterschwaige.

Lola-Montez-Haus beim Gutshof Menterschwaige

Lola Montez war die berühmte Geliebte von König Ludwig I. Im Haus wohnte eigentlich der königliche Hufschmied mit seiner Familie, aber die beiden Liebenden sollen sich hier ab und zu heimlich getroffen haben. Das möglichst originalgetreu eingerichtete Haus kann heute für Feiern und Events gemietet werden. Im beliebten Biergarten Menterschwaige mit etwa 2500 Sitzplätzen verweilen Radler und Spaziergänger unter großen Kastanien. Wer hingegen lieber im feinen Ambiente einer Jugendstilvilla hervorragende italienische Küche genießen will, fährt die Hochleite weiter bis zur »Antica Trattoria«.

Menterschwaigstr. 4 • Tel. 089/ 2422740 • www.lola-montez.com

Gutshof Menterschwaige Menterschwaigstr. 4, Tel. 089/640732, www.menterschwaige.de; geöffnet täglich 11–24 Uhr , Biergarten 12–22 Uhr

Antica Trattoria Braunstr. 6, Tel. 089/ 6426666, www.antica-trattoria-nuova.com; geöffnet Di–So 12–21 Uhr

Wir radeln immer an der Hochleite entlang, bis sie nach etwa zwei Kilometern in eine Straße übergeht und an der hübschen, gelben Wallfahrtskirche St. Anna endet.

Wallfahrtskirche St. Anna

Das »Annakircherl« aus dem 12. Jahrhundert erinnert bis heute an eine spätromanische Dorfkirche. Im Inneren überrascht die prachtvolle Ausstattung im Stil des Rokoko.

Harlachinger Berg 30 • www.erzbistum-muenchen.de

Dahinter verläuft eine Straße den Harlachinger Berg hinab zum Zoo; wir fahren aber weiter geradeaus, an der Gaststätte »Harlachinger Einkehr« von 1858 vorbei und dahinter auf den Fuß-/Radweg

Oben: Hier kommt dörfliche Idylle auf: das Lola-Montez-Haus an der Hochleite

Unten: Wunderbare Radwege am Hochufer der Isar, hier wiederum an der Hochleite

Harlachinger Straße, der geradeaus am Hochufer entlangführt.

Trainingsgelände des TSV 1860

Rechts von uns sehen wir das Trainingsgelände vom TSV 1860. Die Fußballer vom Verein 1860 werden auch aufgrund des Löwen in ihrem Wappen als »Münchner Löwen« oder »Sechzger« bezeichnet. Die Vereinsfarben sind Weiß und Blau. Die Fußballer konnten nicht nur den DFB-Pokal 1964 und 1966 die Deutsche Fußballmeisterschaft gewinnen, sondern 1965 auch bis ins Finale des Europapokals der Pokalsieger vordringen, das sie aber im Londoner Wembley-Stadion gegen West Ham United verloren. Derzeit spielen sie in der 2. Bundesliga.

Das nächste auffällige Gebäude ist die Schön-Klinik auf der rechten Seite, die 1913 fertiggestellt wurde. Sie war die erste staatliche orthopädische Klinik in Deutschland. Das Café Schön im Gebäude hat eine sonnige Terrasse. Wir fahren an der Turmspitze der Kirche vom Templer-Orden (s. »Isar-Tour«) vorbei und rollen dann nicht bergab, sondern fahren auf der Harlachinger Straße weiter bis zum Gründwalder Stadion.

Grünwalder Stadion

Das »Städtische Stadion an der Grünwalder Straße« oder kurz Grünwalder Stadion bzw. »60er-Stadion« des TSV 1860 wurde 1911 als Fußballstadion errichtet. Bis 1972, dem Bau des Olympiastadions, war es das größte Stadion in München. Seit der Sanierung 2019 passen wieder ca. 16 000 Zuschauer hinein. Weiteres erfahren Sie auf dem Stadtteilsspaziergang »Auf den Spuren der Löwen« (s. Website des Stadions).

Grünwalder Str. 4 • Tel. 089/23 38 37 10 • www.gruenwalder-stadion.com

Wir fahren direkt links von der »Westkurve« des Stadions weiter und über eine Brücke mit Blick auf München. Die nächste Straße biegen wir rechts ab: Die Wirtstraße führt zur Martin-Luther-Straße; am Eck befindet sich die erste und damit älteste McDonalds-Filiale Deutschlands, 1971 eröffnet. Wir queren die verkehrsreiche Straße, folgen weiter der Wirtstraße und fahren geradeaus durch das schicke Neubaugebiet auf dem ehemaligen Agfa-Gelände in Obergiesing. Wir stoßen wieder auf die Untersbergstraße und fahren nach links zurück zum U-Bahnhof.

Kinogeschichte und ein gemütlicher Biergarten-Besuch

• **Die Bavaria-Filmstadt:** Vor allem das U-Boot-Exponat zu dem Film »Das Boot« sowie die Berliner Straße aus »Das Schlangenei« lockten die Filmfans ab den 1980er-Jahren in die Bavaria Filmstadt. Dann wollten ab 1983 alle auf »Fuchur« aus der »Unendlichen Geschichte« reiten. Beliebte Kulissen auf der aktuellen Filmtour sind die von »Asterix und Obelix«, »Jim Knopf und Lukas der Lokomotivführer«. Die Raumstation aus dem Science-Fiction-Film »Stowaway« wird ab 2021 zu sehen sein. Einer Achterbahnfahrt ähnlich ist das 4D-Erlebniskino. Stuntshows gibt es leider nicht mehr. Seit 2019 gibt es das Filmstadt Atelier mit umfassendem Archivmaterial. Bavaria Film wurde 1919 gegründet und ist eines der größten Deutschen Filmstudios. Regisseure wie Alfred Hitchcock, Ingmar Bergmann, Rainer Werner Fassbinder, Wolfgang Petersen und Schauspieler wie Sophia Loren, Heinz Rühmann oder Dustin Hoffman waren hier tätig.

• **Der Biergarten Menterschwaige:** Um das Jahr 1012 wurde hier erstmals eine Schwaige schriftlich erwähnt und 1803 auf dem ehemaligen Gut ein Gasthof eröffnet. Das Gasthaus war wegen seiner reizvollen Lage auf dem Hochufer mit Blick auf die Isar und die Alpen ein viel besuchtes Ausflugsziel und auch längere Aufenthalte in der Sommerfrische waren beliebt. Reiseberichte von Besuchern Münchens um die Mitte des 19. Jahrhunderts erwähnen nahezu immer auch einen Ausflug zur Menterschwaige. König Ludwig I. richtete jährlich Künstlerfeste in der Menterschwaige aus. 1896 kaufte die Baufirma Heilmann & Littmann den Gasthof; sie baute die Anlage um und errichtete die Villenkolonie Menterschwaige. Von den im Historismus und insbesondere im Heimatstil gebauten Villen sind noch fünf erhalten geblieben.

DER MÜNCHNER OSTEN

... ist geprägt von ruhigen Wohngebieten in Trudering, Berg am Laim, Riem und Daglfing. Der ehemalige Villenvorort Bogenhausen ist heute – zumindest in Isarnähe – als Wohnort der Hautevolee vorbehalten; weiter im Osten Bogenhausens gibt es Großwohnsiedlungen und das Stadtteilzentrum Arabellapark mit seinen Hochhäusern aus den 1960er- und 1970er-Jahren.

Östlich der Isar liegt der Stadtteil Bogenhausen mit dem Prinzregentenplatz und mondänen Gebäuden. Als Kunst am Bau entstand das Monument Mae West am Effnerplatz, das aufgrund seiner Höhe ein neuer Orientierungspunkt in Bogenhausen ist. Trudering ist der flächenmäßig größte Stadtteil Münchens und geschichtlich betrachtet wohl auch der älteste: Dieser Bereich südlich von Riem war schon während der sogenannten Hallstattzeit (700–400 v. Chr.) besiedelt. Seitdem 1992 der Flughafen ins Erdinger Moos gezogen ist, wird die Gegend von jeglichem Fluglärm verschont – Waldtrudering und Waldperlach am Waldtruderinger Forst sind begehrte Wohngebiete geworden.

Daglfing und Riem sind durch die Münchner Pferderennbahnen international bekannt. Während in Daglfing die Traber (noch) zu Hause sind, flitzen in Riem die Galopper um die Wette. Die Messestadt Riem wurde 2005 durch die Bundesgartenschau aufgewertet. Der moderne Stadtteil mit ökologischem Wohnbau, der Messe und den »Riem Arcaden« erhielt durch die BUGA einen großen Park inklusive Badesee. Mit einem weiteren Park ist der Münchner Osten seit der Planung der Satellitenstadt Neuperlach in den 1960er-Jahren gesegnet: Der Ostpark (mit See, Schlittenhügel und Eisschnelllaufbahn) ist ein Paradies für Sportler. Und wer dörfliches Flair genießen will, fährt weiter bis nach Altperlach.

Der türkisfarbene Riemer Badesee existiert erst seit der Bundesgartenschau in München

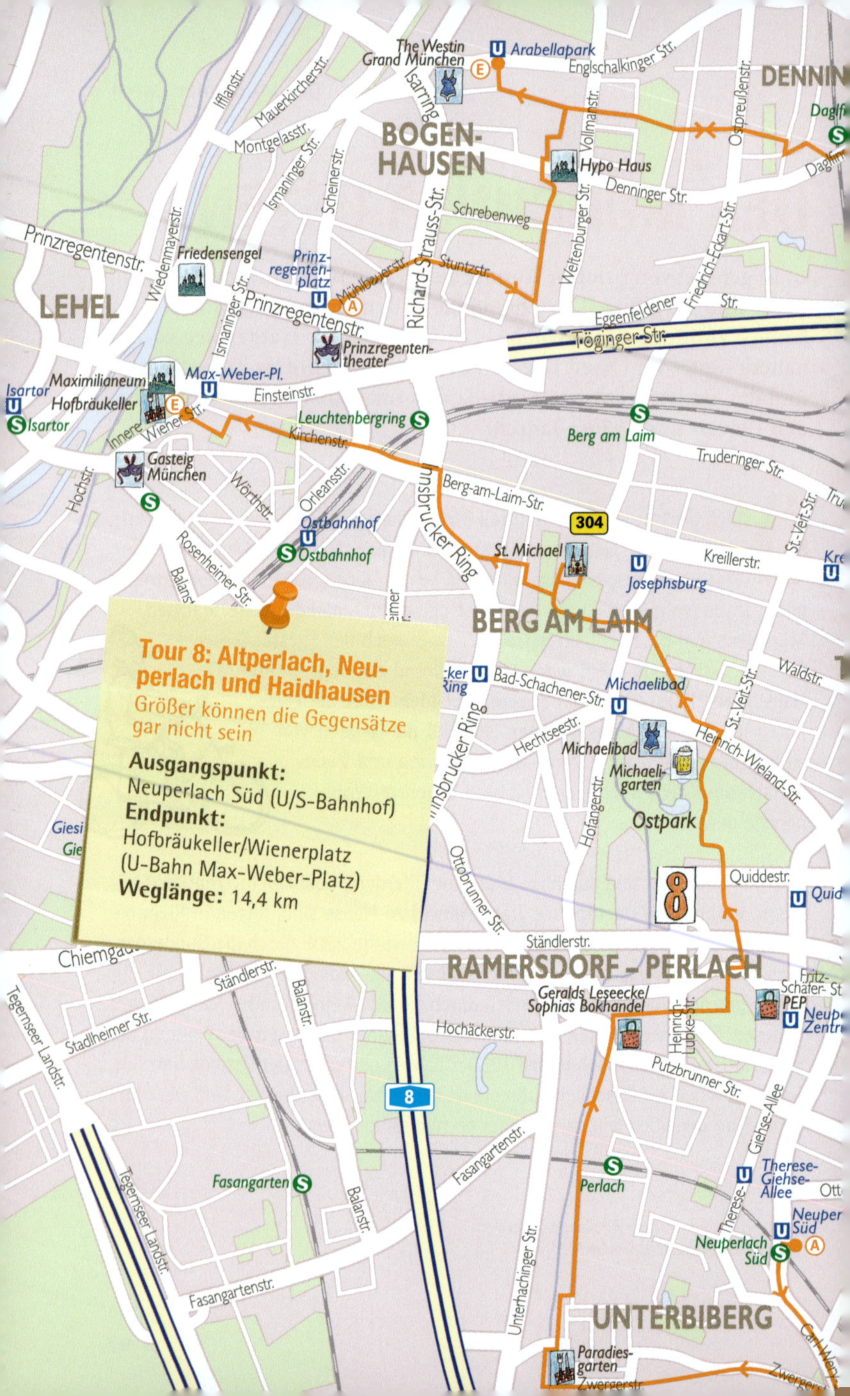
Tour 8: Altperlach, Neuperlach und Haidhausen
Größer können die Gegensätze gar nicht sein
Ausgangspunkt:
Neuperlach Süd (U/S-Bahnhof)
Endpunkt:
Hofbräukeller/Wienerplatz
(U-Bahn Max-Weber-Platz)
Weglänge: 14,4 km
8
BOGEN-HAUSEN
LEHEL
BERG AM LAIM
RAMERSDORF – PERLACH
UNTERBIBERG
The Westin Grand München
Arabellapark
Englschalkinger Str.
Hypo Haus
Denninger Str.
Vollmanstr.
Ostpreußenstr.
Friedrich-Eckart-Str.
Weltenburger Str.
Schrebenweg
Stuntzstr.
Mühlbaurstr.
Richard-Strauss-Str.
Isarring
Mauerkircherstr.
Ifflandstr.
Montgelasstr.
Ismaninger Str.
Scheinerstr.
Prinzregentenstr.
Friedensengel
Prinzregentenplatz
Prinzregententheater
Wiedenmayerstr.
Eggenfeldener Str.
Töginger Str.
Maximilianeum
Max-Weber-Pl.
Einsteinstr.
Isartor
Hofbräukeller
Innere Wiener Str.
Leuchtenbergring
Kirchenstr.
Berg am Laim
Truderinger Str.
Gasteig München
Hochstr.
Wörthstr.
Orleansstr.
Ostbahnhof
Innsbrucker Ring
Berg-am-Laim-Str.
304
St. Michael
Josephsburg
Kreillerstr.
St.-Veit-Str.
Rosenheimer Str.
Balanstr.
Waldstr.
Bad-Schachener-Str.
Michaelibad
Hechtseestr.
Michaeligarten
Ostpark
Hofangerstr.
Heinrich-Wieland-Str.
Quiddestr.
Ottobrunner Str.
Ständlerstr.
Chiemgaustr.
Tegernseer Landstr.
Stadlheimer Str.
Geralds Leseecke/ Sophias Bokhandel
Hochäckerstr.
Heinrich-Lübke-Str.
Fritz-Schäfer-Str.
PEP
Putzbrunner Str.
Giehse-Allee
Fasangartenstr.
Fasangarten
Perlach
Therese-Giehse-Allee
Neuperlach Süd
Unterhachinger Str.
Paradiesgarten
Zwergerstr.
Carl-Wery-Str.

Tour 9: Zum Riemer Badesee

Für jeden was – Bade, Pferde und Flohmarktfreuden

Ausgangspunkt:
U-Bahn Prinzregentenplatz

Endpunkt:
Arabellapark (U-Bahn Arabellapark)

Weglänge: 21,6 km

8 Altperlach, Neuperlach und Haidhausen

Eine Tour der Gegensätze: Wir erleben dörfliche Idylle entlang des Hachinger Bachs in Unterbiberg und Altperlach und danach im Kontrast die Hochhäuser der ehemaligen Satellitenstadt Neuperlach. Wir fahren durch den weitläufigen Ostpark mit seinen großen Wiesen, dem schönen Biergarten und dem Michaelibad, ehe die Tour im Stadtteil Haidhausen mit seinen vielen sanierten Altbauten und dem eigenen Viktualienmarkt am Wiener Platz endet.

Wir starten unsere Tour am U-/S-Bahnhof »Neuperlach Süd« und fahren die Carl-Wery-Straße stadtauswärts an den Feldern vorbei zum Ortsschild »Neubiberg«. Geradeaus kommt man zum Landschaftspark auf dem einstigen Flugplatz-Areal in Neubiberg. Wir biegen hier aber rechts ab in die Zwergerstraße, fahren immer am Gelände der Bundeswehr-Universität von Neubiberg entlang und dann auf dem Radweg durch eine Allee weiter geradeaus. Beim Restaurant »Il Paradiso« mit italienischer Küche und dem schönen Seerosenteich vor der Terrasse sind wir im historischen Ortskern von Neubiberg, im Ortsteil Unterbiberg, angekommen.

Unterbiberg

Der bayerisch-dörfliche Platz mit der barocken Kirche St. Georg mit Zwiebelturm und einem alten Friedhof liegt ganz idyllisch am Hachinger Bach zwischen Bauernhöfen. Nicht mehr nur in Bayern bekannt ist die ortsansässige »Unterbiberger Hofmusik«, eine Musik-

Dörfliche Idylle am Pfanzeltplatz in Altperlach

gruppe, die seit über einem Jahrzehnt echte Volksmusik mit hochkarätigem Jazz, türkischen Einsprengseln und mehr mischt (www.unterbiberger.de). Sehenswert ist auch die kleine Feuerwache.

Restaurant Il Paradiso Ramsmeierstr. 1, Tel. 089/670 59 53, www.ilparadiso-neubiberg.de

Gegenüber dem Platz folgen wir der Kanzlerstraße am Hachinger Bach, queren diesen auf einer kleinen Brücke und fahren auf der anderen Seite auf einem Kiesweg weiter entlang des Bachs, dem man hier seinen freien Lauf und sein natürlich bewachsenes Ufer ließ. Vor einer Gruppe Bäume folgen wir dem Weg nach rechts zur Unterbiberger Straße, fahren auf ihr weiter nach Norden, queren die Bahngleise und kommen so nach Perlach. Es geht geradewegs weiter auf der Sebastian-Bauer-Straße und wieder entlang des Hachinger Bachs durch Altperlach.

Durch Altperlach

Hier stehen schöne alte Bauernhöfe. Die angebrachten Schilder verweisen auf ihre Vergangenheit – einige sind aus dem 17. Jahrhundert. Perlach, erstmals im Jahr 790 urkundlich erwähnt, wurde 1930 in die heutige Landeshauptstadt München eingemeindet. Die älteste erhaltene protestantische Kirche Münchens, St. Paulus, befindet sich seit 1849 in der Sebastian-Bauer-Straße. Seit 1807, als die ersten Zuwanderer aus der Rheinpfalz nach Perlach kamen, wuchs die protestantische Gemeinde stetig. Der erste protestantische Gottesdienst fand in Perlach 1834 statt. Im Mai 1846 wurde von König Ludwig I. von Bayern eine Kirchenkollekte im ganzen Reich genehmigt, die die Baukosten für eine Kirche finanzieren sollte. Spenden kamen aus allen Teilen Bayerns und Deutschlands. 1847 wurde der Kirchenbau unter Georg Friedrich Ziebland begonnen. Wir erreichen den Pfanzeltplatz, das Zentrum Altperlachs, mit dem Geschichtsbrunnen. Der Brunnen zeigt Szenen aus dem dörflichen Leben sowie eine Beschreibung der Dorfgeschichte. Bis in die 1960er-Jahre herrschte hier ein sehr dörflicher Charakter, und die Flächen rund um das Dorf wurden landwirtschaftlich genutzt. Wir fahren rechts vom Bach entlang der kleinen Häuser bis zum Maibaum. Am leise fließenden Bach unter schattigen Bäumen und bei der katholischen Barockkirche St. Michael fühlt man sich heute noch wie auf einem bayerischen Dorfplatz. Samstags ist hier Markttag. Der Sakralraum von St. Michael (erbaut 1728–32) gilt aufgrund seiner Farbigkeit als einer der festlichsten und schönsten im Großraum München.

Kath. Pfarramt St. Michael Perlach • St.-Koloman-Str. 9 • Tel. 089/ 63 02 14-0 • www.pfarrei-perlach.de

Vor der Kirche zweigt der Lorenz-Hagen-Weg ab. Dieser Fuß- und Radweg bringt uns über eine Brücke mitten hinein nach Neuperlach und zu einer Grünanlage. Wir befinden uns nun am grünen Theodor-Heuss-Platz im Gebiet der Großwohnsiedlungen von Neuperlach.

Neuperlach

München wuchs in den 1950er-Jahren rasant, und um die daraus resultierende Wohnungsnot in den Griff zu bekommen, beschloss der Münchner Stadtrat 1960, sogenannte Entlastungsstädte zu bauen. Die Erste entstand ab 1967 auf den Perlacher Feldern und sollte Wohnraum für 80 000 Einwohner bieten; heute leben hier etwa 42 000 Einwohner. Die Hauptplanung oblag Egon Hartmann, der als 31-Jähriger die Stalinallee in Ostberlin entworfen hatte und drei Jahre später von der DDR in die Bundesrepublik geflohen war. Die ursprünglich geplanten kulturellen Einrichtungen wurden dann aber in den Gasteig am Rosenheimer Berg in die Innenstadt verlagert und auch die vorgesehenen Sportanlagen entstanden aufgrund der Olympiade im Olympiazentrum, sodass kein neues urbanes Zentrum entstehen konnte. Erst 1981 wurde die Perlacher Einkaufspassage (PEP) gebaut (geradeaus

Die Hochhäuser am grünen Theodor-Heuss-Platz in Neuperlach

vor uns), als großes Einkaufs- und Dienstleistungszentrum. Die Grünanlage wird halbkreisförmig umgeben vom 1974–78 entstandenen sogenannten Wohnring. Er ist einer der monumentalsten Architekturbeispiele in Neuperlach. Bei der Planung wurde versucht, möglichst viele und erschwingliche Wohnungen auf möglichst wenig Grundfläche zu stellen und deswegen wurde auch bis zu 18 Stockwerke in die Höhe gebaut. 1600 Wohneinheiten sind hier entstanden für etwa 4500 Menschen. Die zahlreichen Kastanienbäume rund um den Platz mildern die Wuchtigkeit dieses Wohnbeispiels etwas ab. Neuperlach ist heute die größte westdeutsche Satellitenstadt und das größte westdeutsche Siedlungsprojekt nach dem Zweiten Weltkrieg. Mit einem hohen Ausländeranteil von 33,5 Prozent und einer hohen Dichte sozial schwächer gestellter Bewohner sind natürlich Schwierigkeiten bei der Integration vorhanden. Dennoch wird die Kriminalitätsrate in den Medien oft verzerrt dargestellt und Neuperlach ist glücklicherweise von einem rechtslosen Raum, in dem die Polizei schon längst kapituliert hat, weit entfernt. Neuperlach, das von Beginn an keine Schlafstadt sein, sondern eine Vielzahl von wohnortnahen Arbeitsmöglichkeiten bieten sollte, hat sich zum Verwaltungsstandort von Unternehmen vor allem aus den Bereichen des Versicherungswesens und der Hightech-Branche entwickelt. Wie in anderen Satellitenstädten gibt es auch in Neuperlach Probleme mit Jugend- und Drogenkriminalität. Dagegen stehen die Vorteile des Viertels: eine gute Versorgung, eine perfekte Anbindung an das öffentliche Nahverkehrsnetz und vor allem ein noch erschwinglicher Wohnraum in hochwertiger Bebauung.

Einkaufscenter PEP Thomas-Dehler-Str. 10, Tel. 0800/773 40 89, www.pep-muenchen.de

Wir fahren vor der Grünfläche am Jugendfreizeittreff links in die Jakob-Kaiser-Straße, überqueren den Adenauerring bei den Gebäuden der Generali-Versicherung, schieben hier ein paar Meter rechts und fahren

Unter der Glaskuppel im Neuperlacher Einkaufzentrum PEP macht das Shoppen Spaß

dann links auf den Rad-/Fußweg. Anschließend queren wir auf der Brücke die Ständlerstraße. Dann biegen wir links in die Plettstraße ein, queren die Quiddestraße und fahren nach der Linkskurve beim Zebrastreifen rechts und zwischen den Häusern hindurch in den Ostpark.

Im Ostpark

Zusammen mit der Entlastungsstadt Neuperlach wurde vom Stadtrat der Bau der Erholungslandschaft Ostpark beschlossen. 1969 begann man mit den Arbeiten und konnte 1982 die Eröffnung des 60 Hektar großen Geländes feiern. Wie auch in anderen Parks in München wurde die Landschaft mit Schutt zu Aussichts- und Rodelhügeln gestaltet. Wir halten uns geradeaus zwischen den großen Wiesenflächen, die zum Spielen und Sonnenbaden einladen, fahren rechts am Ostparksee vorbei und erreichen den »Michaeligarten«. Bei einer wohlverdienten Pause in dem schön gelegenen Biergarten und Restaurant genießt man den Blick auf die Fontänen. Fahren wir geradeaus weiter, erreichen wir die Heinrich-Wieland-Straße. Wer sich nach dem Biergarten links hält, kommt durch einen schön bepflanzten Bereich und kann einen Abstecher ins Michaelibad machen, ein eingewachsenes Freibad mit Hallenbad.

Oben: Farbenfrohe Blumen im Ostpark

Unten: Beim Radler im Michaeligarten am Ostparksee sitzen ist sicherlich eine gelungene Pause

Michaeligarten Feichtstr. 10, Tel. 089/435 52 40, www.michaeligarten.de; geöffnet Mo–Fr 11–24 Uhr, Sa/So 10–24 Uhr

Michaelibad Heinrich-Wieland-Str. 24, Tel. 089/23 61 50 50, www.swm.de; geöffnet täglich 7.30–23 Uhr

Wir überqueren die Heinrich-Wieland-Straße, fahren nach links und dann die zweite Straße rechts in die Michaeliburgstraße. Wir folgen der Straße und dann dem Radweg bis zum Ende. Ein kurzes Stück genießen wir den weiten Blick über Felder und auf die Türme von St. Michael, dann queren wir die Straße, um gleich wieder dem Kiesweg geradeaus in die Grünanlage Echardinger Park zu folgen. Am Klostergarten uns rechts haltend, machen wir einen Abstecher zum Eingang von St. Michael.

St. Michael in Berg am Laim

Die römisch-katholische Pfarrkirche Sankt Michael in Berg am Laim ist eine der prachtvollsten und bedeutendsten Sakralbauten im heutigen Stadtgebiet von München. Sie ist dem heiligen Erzengel und Himmelsfürsten St. Michael geweiht und ein spätbarockes Meisterwerk des genialen Baumeisters Johann Michael Fischer (s. S. 109).

Johann-Michael-Fischer-Platz 1 • Tel. 089/43 68 96 30 • www.st-michael-bal.de

Zurück auf dem Kiesweg, fahren wir diesen weiter geradeaus bis zur Echardinger Straße und biegen dort rechts ab. An der Kleingartenanlage biegen wir links ab auf den Rad-/Fußweg und fahren dann auf der Altöttinger Straße geradeaus. Auf der Ulrichsberg-Straße werden wir am Mittleren Ring entlanggeleitet. An der großen Kreuzung queren wir den Mittleren Ring und fahren auf der viel befahrenen Berg-am-Laim-Straße an den 2005 fertiggestellten Bauten des 15-stöckigen Telekom-Centers mit den gläsernen Verbindungsstegen vorbei. Wir radeln unter den Bahngleisen nach Haidhausen hinein und in die Kirchenstraße.

In Haidhausen

Etwa zwei Drittel aller Wohnhäuser in Haidhausen stammen noch aus der Zeit vor 1914. Im heutigen Szene-Viertel mit vielen trendigen Läden und Boutiquen und einem großen Gastronomieangebot lebt man gern in einem der sanierten Gründerzeithäuser mit hohen Decken, Stuck und Parkett. Durch das vielfältige Kulturangebot – vor allem im Kulturzentrum Gasteig – und die Nähe zur Isar und zum Zentrum zählt Haidhausen zu den beliebtesten Wohngebieten Münchens. Im Mittelalter ermöglichte der lehmhaltige Boden die Produktion von Ziegeln, die für zahlreiche Bauwerke in München wie die Frauenkirche oder die Residenz verwendet wurden. Wie auch die Au war Haidhausen ein Herbergs-

Oben: Die wenig bekannte, aber doch so prachtvolle Kirche St. Michael

Unten: Blick auf die Kirchenstraße in Haidhausen mit den typischen Herbergshäuschen

viertel für Handwerker, Kleingewerbetreibende, Arbeiter und Tagelöhner vor den Toren der Stadt. Viele kleine Herbergshäuser, etwa am Hohlweg, An der Kreppe, am Wiener Platz oder am östlichen Ende der Preysingstraße, die in unseren Augen so gemütlich ausschauen, erinnern an die ärmlichen und beengten Lebens- und Arbeitsverhältnisse der damaligen Zeit.

Am Wiener Platz verweilen und die Atmosphäre genießen!

Gaststätte Zum Kloster
Preysingstr. 77, Tel. 089/447 05 64; geöffnet Mo–Fr 11.30 bis 24 Uhr, Sa/So/Fei 10 bis 24 Uhr

Wir passieren den Friedhof mit der alten Kirche St. Johann Baptist, fahren links auf die Straße Johannisplatz und an der imposanten Kirche St. Johann Baptist vorbei. Die nächste Straße fahren wir nach rechts in die Chorherrstraße und kommen so zum Wiener Platz.

Wiener Platz

Richtig dörflich mutet der Wiener Platz mit Maibaum, Brunnen, kleinen Häuschen und Marktständen an. Am Platz ist außerdem der Hofbräukeller mit seinem großen Biergarten zu finden, der direkt an die Maximiliansanlagen an der Isar angrenzt. Von 1896–1988 befand sich in dem Neorenaissance-Gebäude die Hofbräu-Brauerei. Zuvor war sie im Münchner Hofbräuhaus am Platzl beheimatet; dort wurde aber schließlich der Platz knapp. Doch auch am Wiener Platz wurde es in den 1880er-Jahren zu eng für die Produktion, sodass diese nach München-Riem verlegt wurde. Wir beenden unsere Tour mit einem Snack an einem der Stände des Marktes, setzen uns ins Café oder in den schattigen Biergarten des Hofbräukellers.

Hofbräukeller Innere Wiener Str. 19, Tel. 089/459 92 50, www.hofbraeukeller.de; geöffnet Mo–So 10–24 Uhr

Protestantismus und ein katholischer Prachtbau

- **Protestanten in München:** Die Anfänge der evangelischen Gemeinde in München sind auf die zweite Frau des Kurfürsten Max Joseph, später erster bayerischer König Max I. Joseph (1756–1825), Karoline Frederike Wilhelmine von Baden (1776–1841), zurückzuführen. Karoline nebst Gefolge war evangelisch-lutherischen Glaubens. Die ersten evangelischen Gottesdienste wurden 1799 im Schloss Nymphenburg abgehalten. 1801 erhält als erster Protestant der Weinwirt und Pferdehändler Johann Balthasar Michel das Bürgerrecht in München – ob daran der leckere Wein mitwirkte? Aufgrund des Gebietszuwachses von Bayern um das Gebiet Franken wurde 1803 das Bayerische Religionsedikt erlassen und der protestantische Glauben anerkannt. Das war der Beginn der protestantischen Landeskirche in Bayern; im Zeitalter der aufgeklärten Monarchie konnte den Protestanten das Münchner Bürgerrecht nicht mehr verweigert werden. 1833 wurde die Pfarrkirche St. Matthäus am Sendlinger-Tor-Platz als erste protestantische Kirche Münchens errichtet. Sie wurde 1938 unter Hitler abgerissen und erst 1957 in ihrer heutigen Form als Bischofskirche wieder aufgebaut.

- **St. Michael:** Die spätbarocke Kirche wurde in den Jahren 1735–51 im Auftrag des Kurfürsten und Erzbischofs von Köln Clemens August I. von Bayern, Sohn Max Emanuels von Bayern, in seiner Hofmark Berg am Laim errichtet. Die Pläne stammten vom bayerischen Baumeister Johann Michael Fischer. Die Innenausstattung der Kirche gilt als eines der Hauptwerke des süddeutschen Rokoko. Es ist die einzige Kirche Fischers, die im Stil des Rokoko reich mit Rocaillen verziert wurde – möglicherweise lag dies an François de Cuvilliés dem Älteren, der bei diesem Bau als Bauinspektor tätig war. Die Deckenmalereien und Stuckaturen wurden 1743–44 von Johann Baptist Zimmermann angefertigt (Zimmermanns Hauptwerk ist im Übrigen die berühmte Wieskirche bei Steingaden; auch die Deckenfresken im Alten Peter am Marienplatz und im Ballsaal im Schloss Nymphenburg wurden von ihm gestaltet). Beachtenswert sind außerdem das Bild des Erzengels Michael am Hauptaltar, das von Johann Andreas Wolff stammt, sowie die Schnitzarbeiten von Ignaz Günther und Johann Baptist Straub.

9 Zum Riemer Badesee

Diese Tour wird Badefreunde, Pferdefreunde und Flohmarktgänger gleichermaßen begeistern: Auf der Radstrecke liegen die Olympia-Reitanlage, die Rennbahnen von Daglfing und Riem, die großen Flohmärkte in Daglfing und Riem und der Riemer Badesee im Landschaftspark Riem. Die Fahrt verläuft überwiegend durch Wohngebiete mit Häusern und Gärten, Grünanlagen und Feldern. Wir sehen das Messegelände Riem und beenden die Tour dann im Stadtquartier Arabellapark.

Prinzregentenplatz

Das Prinzregententheater am Prinzregentenplatz im feudalen Stadtteil Bogenhausen ist eine der großen Bühnen Münchens und dient als Spielstätte der Bayerischen Theaterakademie August Everding sowie der Bayerischen Staatsoper und des Staatstheaters am Gärtnerplatz. In den Jahren 1900 und 1901 wurde es nach Vorbild des Bayreuther Richard-Wagner-Festspielhauses von Max Littmann erbaut.

Prinzregententheater Prinzregentenplatz 12, Tel. 089/21 85 02, www.theaterakademie.de

Wir starten am Prinzregentenplatz beim Prinzregententheater, queren den Platz und fahren auf der Mühlbauerstraße weiter. Kurz vor der Richard-Strauß-Straße befindet sich auf der rechten Seite das italienische Restaurant »Acquarello«; seit 2000 erhält die Küche unter Koch Mario Gamba den begehrten Michelin-Stern. Wir queren die Richard-Strauß-Straße; erst 2009 wurde der Ri-

Prachtvolle Bauten beim Prinzregentenplatz

Der Friedensengel lässt vor weiß-blauem Himmel grüßen

chard-Strauß-Tunnel eröffnet und dieses Gebiet von Lärm und Abgasen befreit. Wir fahren geradeaus weiter durch die Stunzstraße und biegen dann links in die Gotthelfstraße ein. Diese Straße führt geradewegs auf den Kiesweg in die Grünanlage Denninger Anger im Stadtteil Denning. Wir folgen dem Weg immer geradeaus, queren die Denninger Straße und sehen links von uns, am Ende der Straße, der auffällige HVB-Tower bzw. ehemaliges Hypo-Hochhaus.

HVB Tower

Der HVB Tower ist der Unternehmssitz der Unicredit Bank. Mit 114 Metern ist das aus Aluminium und Beton errichtete Gebäude im Arabellapark nach dem »Uptown« in Moosach und den »Highlight Towers« in Schwabing das dritthöchste Hochhaus der Stadt. Ähnlich wie der BMW-Vierzylinder ist es so markant, dass es im Jahr 2006 unter Denkmalschutz gestellt wurde. 1978 wurde es in Betrieb genommen. Ab 2013 wurde das in die Jahre gekommene Hochhaus aufwendig zu einem umweltfreundlichen »Green Building« umgestaltet und energetisch saniert.

Wir fahren die Daphnestraße bis zu ihrem Ende und kommen so in den Stadtteil Denning.

Denning

Dieser Stadtteil wurde 1930 eingemeindet. Die unter einer dünnen Humusschicht liegende, fast zwei Meter dicke Lehmschicht wurde früher landwirtschaftlich genutzt: Im 19. Jahrhundert baute man hier Lehm zur Ziegelherstellung für die rasant wachsende Bautätigkeit in München ab. Mit den in Denning gebrannten Ziegeln wurde beispielsweise die Ludwigskirche (s. »Durch die Maxvorstadt«-Tour, S. 34) errichtet. Nachdem der Lehm erschöpft war, dienten die Gruben der Kiesge-winnung. Übrigens: Weitere Stadtteile Münchens lassen den Lehmreichtum bereits in ihrem Namen er-

GALOPP MÜNCHEN
GALOPP MÜNCHEN

kennen: beispielsweise Laim und Berg am Laim.

Am Ende der Straße biegen wir beim Gymnasium rechts ab und folgen immer den Radweg-Zeichen Richtung Daglfing/Riem. Wir fahren durch die Grünanlage am Pachmayrplatz, queren wieder einen Denninger Anger (der aber mit dem Park am Anfang der Tour nicht verbunden ist) und fahren durch die Dirschauerstraße bis zu ihrem Ende. Hier folgen wir weiter den Schildern (teils nur ein grünes Rad auf weißem Grund), radeln am S-Bahnhof Daglfing vorbei, dann rechts über die Oberschlesische Straße und auf der Schichtlstraße geradewegs auf die Olympia-Reitanlage Riem zu. Geradeaus fahren wir über die Brücke auf den Zaun zu. Pferdefreunde werden sich freuen, denn auf dem Radweg geht's nun durch die Türe hinein in die Reitanlage.

Einlauf ins Ziel und alle fiebern mit auf der Galopprennbahn in Riem

Olympia-Reitanlage Riem

Das Gelände der Olympia-Reitanlage München-Riem, das 27 Hektar umfasst, ist mit altem Baumbestand, geschwungenen Wegen, Hügeln und Wällen parkähnlich angelegt und vollständig eingezäunt. Wir sehen Pferdekoppeln, die Gebäude der Berittenen Polizei München und die Reitplätze und Stadien, die für die Olympischen Sommerspiele des Jahres 1972 errichtet wurden. Ursprünglich boten die Tribünen 23 000 Zuschauern Platz und das Stadion war neben dem Garten von Schloss Nymphenburg (Austragungsort der Dressur-Prüfungen) eine der beiden Kulissen des Pferdesports der Olympischen Spiele in München. Bei Veranstaltungen ist das Gelände geschlossen, dann muss man rechts um die Reitanlage herumfahren. Weiter geht es, den Wegweisern folgend, zur Galopprennbahn Riem. Diese wird seit 1897 vom 1865 gegründeten Münchener Rennverein betrieben. Erste Rennen fanden auf der Theresienwiese statt, dann gab es eine Rennbahn hinter der Friedenheimer Brücke in Laim. Die Rennbahn Riem beheimatet das deutschlandweit zweitgrößte Trainingsquartier und die Bahn ist eine der bedeutendsten in Deutschland.

Landshamer Str. 11 • Tel. 089/ 926967101

Die Graf-Lambsdorff-Straße führt vom Eingang über die Bahnschienen zur Riemer Straße. Hier biegen wir links ab und fahren dann rechts über die Autobahnbrücke geradeaus zur Messestadt Riem.

Messestadt Riem

Der rote Turm ist der alte Tower des ehemaligen Flughafens München-Riem, der sich hier auf dem Gelände befand: Nach 52 Jahren wurde am 17. Mai 1992 in Riem endgültig der Flugbetrieb eingestellt und der Flughafen weit aus der Stadt hinaus ins Erdinger Moos verlegt. Der Eingang der Neuen Messe liegt an einem schön gestalteten See. Fahren wir geradeaus weiter, kommen wir direkt zum Eingang der »Riem Arcaden« am Willi-Brandt-Platz. Dieses komplexe Einkaufszentrum wurde im Jahr 2004 eröffnet – bis dahin mussten sich die Bewohner des neu geschaffenen Stadtteils Messestadt Riem mit einem Getränkemarkt zufrieden geben und für ihre Besorgungen bis nach Trudering fahren. Die ersten Bewohner zogen 1998 hierher; etwa 6500 Wohnungen wurden hier geschaffen. In den »Riem Arcaden« gibt es heute eine beachtliche Vielzahl an Restaurants/Cafés und Bäckereien, um den Hunger und Durst zu stillen. Flohmarktfreunde fahren im Übrigen am Samstag die Willi-Brandt-Allee nach links und kommen zum größten Flohmarkt Deutschlands.

Riem Arcaden Willy-Brandt-Platz 5, www.riemarcaden.de; geöffnet Mo–Sa 10–20 Uhr

Flohmarkt Riem De-Gasperi-Bogen, www.flohmarkt-riem.com; Sa 6–16 Uhr

Wir fahren geradeaus auf dem Radweg durch die Bauten der »Riem Arcaden« hindurch und hinein in den über 200 Hektar großen Riemer Park.

Riemer Park

2005 fand auf diesem Gelände die Bundesgartenschau (BUGA 05) statt. Mit drei Millionen Besuchern blieben die Zahlen zwar hinter den Erwartungen zurück, jedoch ist der gesamte Park ein großer Gewinn für die Bewohner. Wir

Oben: Der recht unbekannte Denninger Anger beim HVB Tower

Unten: Einladender Eingang zur Neuen Messe

Sonnenbaden am Riemer See

folgen der geradlinigen Promenade nach links zum Riemer See. Viele kennen den See unter dem Namen BUGA-See, da er im Rahmen der Bundesgartenschau angelegt wurde. Wir gönnen uns eine Pause am Kiesstrand mit flachem Wasser an seinem östlichen Ende. Während der Badesaison kann man sich am See-Kiosk verpflegen. Der See ist bis zu 18 Meter tief und hat eine gute Wasserqualität, da bei Bedarf Grundwasser in den See gepumpt wird. Da er nicht mit dem Auto erreichbar ist, sind die Ufer selten überfüllt. Auf den etwa 20 Meter hohen Hügel neben dem See führen mehrere Wege. Von oben hat man einen grandiosen Blick über den Park, nach München und nicht zuletzt auf die Alpen. Der Hügel wurde aus dem Abbruchmaterial des alten Flughafens errichtet.

Über die geradlinige Parkterrasse fahren wir zurück und in Richtung Kirchtrudering (die geradlinigen Wege sollen übrigens an die Start- und Landebahnen des ehemaligen Flughafens erinnern). Wir radeln aus dem Park hinaus, über die Emplstraße und anschließend geradeaus auf der Kirchtruderinger Straße bis zum Maibaum und damit zum ehemaligen Ortszentrum von Kirchtrudering.

Kirchtrudering

Bis 1935 stand hier die 600 Jahre alte katholische Dorfkirche St. Peter und Paul. Durch die Eingemeindung 1932 und den starken Zuzug nach dem Ersten Weltkrieg wurde die Kirche zu klein und durch einen Neubau vom Architekten Hans Döllgast ersetzt. Das ehemalige Bauerndorf Trudering, das lange Zeit aus dem Doppeldorf Kirchtrudering und Straßtrudering bestand, kann auf eine über 1230-jährige Geschichte zurückblicken. Als München im Jahr 1158 gegründet wurde, führte die wichtige Salzstraße von Wasserburg bzw. Reichenhall/Salzburg über Truderinger Gebiet. Aufgrund unterschiedlicher Grundbesitzverhältnisse kam es dadurch zur Ausbildung eines Doppeldorfs: Kirchtrudering, das zum Bistum Freising gehörte, und Straßtrudering, das unter weltlicher Oberhoheit stand. Durch die Bahntrasse, die seit 1870 von München über Rosenheim nach Wien/Verona führt, sind die beiden Orte weiterhin voneinander getrennt. Im Gegensatz zu heute war Trudering damals eine arme Gemeinde.

Wir radeln an der Kirche geradeaus vorbei und dann rechts in die Salzmesserstraße. Vor der U-Bahn-Haltestelle »Am Moosfeld« fahren wir links und folgen nun immer auf der linken Seite vom Bachlauf des Truderinger Höllgrabens dem Kiesweg. Es handelt sich um einen Anfang des 19. Jahrhunderts künstlich angelegten Graben, der zur Entwässerung des Gebiets gebaut wurde. Wir folgen dem Schild »Stahlgruberring« nach links und fahren dann rechts auf dem Schatzbogen über die Autobahn. Auf der anderen Seite radeln wir links in die Riemer Straße. Wir kommen am Münchner Tierheim vorbei und sehen viele Pferdekoppeln.

Dieser Traktor lockt zu einer Rast in der Gastwirtschaft

Daglfinger Flohmarkt und Rennbahn

Flohmarkt- und Antiquitäten-Begeisterte biegen von der Riemer Straße in die Rennbahnstraße ein – freitags und samstags findet hier das ganze Jahr über ein großer Flohmarkt in schöner Lage statt. Freitags liegt der Schwerpunkt auf Antiquitäten und es gibt auch ein Antiquitätenhaus und ein Restaurant mit Café. Nach etwa einem Kilometer fahren wir rechts in die Burgauer Straße, die uns am Gelände der Trabrennbahn Daglfing entlangführt. Erste Trabrennfahrten fanden 1867 in München auf der Theresienwiese (s. »West-Tour«, S. 65) statt. Trabsport-Interessierte gründeten nach zunehmender Popularität des Rennsports 1902 den Münchner Trabrenn- und Zuchtverein und erwarben das Gelände in Daglfing. Bereits im Oktober desselben Jahres wurde die Bahn in Anwesenheit des Kronprinzen und späteren bayerischen Königs Ludwig III. eröffnet. Nachdem die Trabrennbahn nach finanziellen Schwierigkeiten 2005 an eine Unter-

Skulptur Mae West am Effnerplatz

nehmensgruppe verkauft wurde, darf sie nach jahrelangem Rechtsstreit bis voraussichtlich 2025 in Daglfing bleiben.

Antik- und Flohmarkt München Daglfing • Rennbahnstr. 35 • www.flohmarkt-daglfing.de • geöffnet Fr 8–15 Uhr, Sa 6–16 Uhr (nicht an Feiertagen)

Münchner Trabrenn- und Zuchtverein e.V. • Rennbahnstr. 35 • Tel. 089/ 930 00 10 • www.daglfing.de

Die Burgauer Straße trifft wieder auf die Oberschlesische Straße und wir folgen den Radweg-Zeichen schließlich zurück bis zum Arabellapark.

Arabellapark

Der Arabellapark ist ein Wohn- und Gewerbegebiet im Stadtteil Bogenhausen. Die Bebauung mit kühlem Betoncharakter ist ab 1965 entstanden. Das Parkgebiet war eines der größten Stadterweiterungsprojekte in der Zeit nach dem Zweiten Weltkrieg in München. Herausragende Gebäude sind das Arabellahochhaus, welches 2026 abgerissen und anschließend an gleicher Stelle wieder aufgebaut werden soll sowie der HVB Tower. Auf dem Arabellahochhaus befindet sich der höchstgelegenste Wellness-Bereich Münchens – vielleicht möchte der eine oder andere sich ja hier zum Abschluss der Tour noch erholen? Wenn nicht, kann man vom Arabellapark einen Abstecher zum Effnerplatz machen und sich unter Münchens neues, gigantisches Wahrzeichen von Bogenhausen stellen. Das 52 Meter hohe Kunstwerk »Mae West« von Rita McBride erinnert an eine Tänzerin oder an einen Eierbecher, je nach Betrachter. Es entstand im Rahme des Tunnelbauprojektes »Mittlerer Ring Ost« als »Kunst am Bau« auf einem wichtigen Verkehrsknotenpunkt.

The Westin Grand München
Arabellastr. 6, Tel. 089/926 40, www.westingrandmunich.com; Öffungszeiten Spa & Fitness Mo–Fr 7.30–22 Uhr, Sa/So 9–21 Uhr

Tipps für Pferdefreunde und der BUGA-Park

- **Olympia-Reitanlage:** Jedes Jahr findet hier ab Christi Himmelfahrt die vier Tage dauernde Messe »Pferd International« (www.pferdinternational-muenchen.de) statt, die mit Reitturnieren, Ritterspielen, großem Schauprogramm mit 40 Pferderassen und einem Kinderland Pferdefreunde begeistert. Im Herbst gibt es darüber hinaus jährlich bei den »Munich Indoors« (www.munich-indoors.de) an vier Tagen Turniere der Spitzenklasse in Springen, Dressur und Voltigieren – in der Halle. Dazu gibt es eine Reitmesse, Showeinlagen und Nachwuchsprüfungen.

- **Die BUGA in Riem:** Die Geschichte des Riemer Parks beginnt – wie auch die Geschichte der Messestadt Riem – mit dem Ende des Flughafens München-Riem im Jahr 1992. Als Ausgleichsfläche zum neuen Wohngebiet wurde eine große Fläche für einen Park in die Planung miteinbezogen. Der französische Landschaftsarchitekt Gilles Vexlard gewann den Wettbewerb für den Landschaftspark. Der erste Baum wurde 1997 gepflanzt. Mit der geradlinigen Planung des Parks nahm Vexlard die auf dem ehemaligen Flughafengelände vorgefundenen landschaftshistorischen Gegebenheiten auf und setzte bewusst einen Kontrast zum eher lieblich gestalteten Englischen Garten (s. »NaTour«, S.50). Mit über 200 Hektar ist der Riemer Park die drittgrößte Münchner Parkanlage nach dem Englischen Garten und dem Nymphenburger Schlosspark. Die Pflanzen des Parks sind typisch für diesen Naturraum: Magerrasenpflanzen und Eichen-/Kiefern- sowie Eichen-/Hainbuchen-Wälder. Besonders schön sind die Wildblumenwiesen im Sommer. Der Park wurde mit dem Deutschen Landschaftsarchitekturpreis 2005 ausgezeichnet, wird aber in der Bevölkerung als kahl und geradlinig viel diskutiert.

DER MÜNCHNER NORDEN

Die Autobahn A 9 führt direkt hinein in den Münchner Norden und am neuen Wahrzeichen, der Allianz-Arena, vorbei. Ältere Highlights im Norden sind der Olympiaturm und das BMW-Hochhaus. Die Olympischen Spiele 1972 mit den Sportstätten, der Pressestadt und dem Olympischen Dorf sowie die neuere Allianz-Arena haben zu einem starken Entwicklungsschub des Münchner Nordens geführt.

Neben dem Olympiapark in Milbertshofen hat sich einiges getan im Norden Münchens: Auf einem ehemaligen Industriegebiet entstand ein großes Neubaugebiet – die Parkstadt Schwabing mit den Highlight Towers. Die Hochhaustürme stellen am nördlichen Ende der Leopoldstraße ein modernes Einfahrtstor in die Stadt dar. Das futuristische Gebäude der BMW-Welt eröffnete 2007 als überdimensionaler Showroom. Auch die Entstehung des Petuelparks, der die ehemalige vierspurige Straße ersetzt, wertet den Norden eindeutig auf.

Stadtteile wie Milbertshofen, Hasenbergl und Feldmoching rufen bei einigen immer noch ein leichtes Naserümpfen hervor: Das Wohngebiet Hasenbergl entstand Anfang der 1950er-Jahre mit ersten Eigenheimsiedlungen und ab 1960 mit Eigentumswohnungen für die einkommensschwache Bevölkerung. Bis in die 1970er-Jahre mangelte es an wichtigen Infrastruktureinrichtungen, das Hasenbergl entwickelte sich zum sozialen Brennpunkt. Durch diverse Bauprojekte wurde die Lebensqualität nun entscheidend gesteigert und der Stadtteil erfolgreich erneuert.

Die nördlichen Isarauen und der nördliche Englische Garten sind ein scheinbar unendliches Naherholungsgebiet – ein Paradies für Radfahrer. Der Feldmochinger, der Fasanerie- und der Lerchenauer See sind schöne Badeseen; vor allem der Feldmochinger See besticht durch seine ländliche Umgebung und seine eingewachsenen Ufer.

Auf in die Natur!

Tour 10: Zur Allianz-Arena und ins Grüne
Natur pur, Aussicht satt und moderne Architektur
Ausgangs- und Endpunkt:
U-Bahn Nordfriedhof
Weglänge: 21,1 km
HASNBERGL
FELDMOCHING
MILBERTSHOFEN
SCHWABING-WEST
NEUHAUSEN-NYMPHENBURG
MAX-VORSTADT
Gern
AM
Karlsfelder Str.
Feldmochinger See
Josef-Frankl-Str.
Feldmoching
Dülferstr.
Hasnbergl
Schleißheimer Str.
Feldmochinger Str.
Reschreiterstr.
Hardenstr.
Harthof
Pappelallee
Am Blütenanger
Schneeglöckchenstr.
Trollblumenstr.
Fasanerie
Reinachstr.
Dahlienstr.
Am Hart
Rangierbahnhof München-Nord
11
Haylerstr.
Merseburger Str.
Dresdner Str.
Triebstr.
Andernacher Str.
Lassallestr.
Rehstr.
Moosacher Str.
Oberwiesenfeld
Frankfurter Ring
Lerchenauer Str.
Olympisches Dorf
Riesenfeldstr.
Moosach
Moosacher St.-Martins-Pl.
Pelkovenstr.
Olympia-Einkaufszentrum
Hanauer Str.
Dessauerstr.
Riesstr.
Connollystr.
Olympiazentrum
Milbertshofen
Dachauer Str.
Hardenbergstr.
Gärtnerstr.
Georg-Brauchle-Ring
BMW Welt
BMW Museum
Petuelring
Olympiapark
SEA LIFE München
Münchner Olympiastadion
Olympiaturm
Olympia-Alm
Landshuter Allee
Netzerstr.
Wintrichring
Restaurant/Theater Gut Nederling
Westfriedhof
Nederlinger Str.
Baldurstr.
Dante-Freibad
Hohenlohestr.
Ackermannstr.
Luitpoldpark
Volpinistr.
Dall'Armistr.
Demattstr.
Zambonistr.
Tizianstr.
Menzinger Str.
Nördliche Auffahrtsallee
Nymphenburger Kanal
Waisenhausstr.
Schwere-Reiter-Str.
Infanteriestr.
Heßstr.
Hohenzollernstr.
Elisabethstr.
Dom-Pedro-Str.
Volkartstr.
Leonrodstr.
Hiblestr.
Albrechtstr.
Lazarettstr.
Lothstr.
Josephspl.
Görresstr.
Schellingstr.
Tengstr.
Romanstr.
Lachnerstr.
Rotkreuzplatz
Nibelungenstr.
Arnulfstr.
Hirschgartenallee
Wendl-Dietrich-Str.
Theresienstr.
Mailingerstr.

Tour 11: Zum Feldmochinger See

Die Lieblingstour der Autoren

Ausgangspunkt:
U-Bahn Rotkreuzplatz

Endpunkt:
BMW-Welt/Museum, Olympiapark (U-Bahn Olympiazentrum oder Petuelring)

Weglänge: 16,9 km

10 Zur Allianz-Arena und ins Grüne

Auf dieser Tour erleben wir, wie grün und modern der Münchner Norden ist. Der Petuelpark, das neue Stadtviertel Parkstadt Schwabing und die eindrucksvolle Allianz-Arena liegen auf unserem Weg. Eine grandiose Aussicht auf München und Umgebung bietet sich vom Fröttmaninger Berg. In den nördlichen Isarauen und im nördlichen Englischen Garten ist man wochentags fast allein unterwegs und kann die Natur und Tierwelt so richtig genießen.

Nordfriedhof

Der Nordfriedhof wurde 1884 wie der Westfriedhof nach Plänen von Hans Grässel angelegt und zählt mit 34000 Grabstellen zu den Münchner Großfriedhöfen. Hier liegen u.a. Johannes Heesters, Barbara Rudnik und Wolfgang Koeppen begraben. Die Aussegnungshalle beschrieb, wenn auch leicht verändert, Thomas Mann in seiner Novelle »Der Tod in Venedig«.

Ungererstr. 130 •
Tel. 089/23 19 93 20

Ausgangspunkt dieser Tour ist die U-Bahn-Haltestelle »Nordfriedhof« (Ungerer-/Schenkendorfstraße, nördlicher Ausgang) gegenüber vom Nordfriedhof. Wir fahren den Radweg entlang, der anfangs parallel zum Mittleren Ring verläuft. Direkt vor uns tauchen die Highlight Towers auf.

Highlight Towers

Die Highlight Towers sind zwei schlanke gläserne Hochhausscheiben, die durch drei verschiebbare Brücken miteinander verbunden sind. Gebaut wurden sie vom amerikanischen Architekten Helmut Jahn. 2004 wurden sie fertig gestellt. Sie sorgten für erheblichen Diskussionsstoff bei den Münchnern, da sie, vom Odeonsplatz (s. »Durch die Maxvorstadt«-Tour, S. 24) aus gesehen, direkt hinter dem Siegestor aufragen und viele dies als Störung der historischen Sichtachse empfinden. Jahn perfektionierte die frühe Bauhaus-Vision des Glashochhauses und dementsprechend tragen die Straßen in der daran anschließenden Parkstadt Schwabing die Namen bedeutender Architekten und Künstler der Bauhaus-Epoche.

Wir folgen dem Radweg, der uns unter der A9 hindurchführt. Nach dem Tunnel geht es scharf rechts und geradeaus in die Walter-Gropius-Straße, die uns in die Parkstadt Schwabing bringt.

Parkstadt Schwabing

Das etwa 400000 Quadratmeter große Areal war eines der anspruchsvollsten städtebaulichen Entwicklungsprojekte Münchens.

www.parkstadt-schwabing.de

Wir fahren die Anni-Albers-Straße nach links und kommen so am Ende des etwa 600 Meter langen Parkstreifens vorbei. Wir fahren weiter geradeaus und auf der Karl-Weinmaier-Straße bis zur Leopoldstraße. Diese queren wir, fahren nach links und folgen an der Kreuzung zur Schenkendorfstraße rechts dem Radweg in die Grünanlage Petuelpark.

Blick über den Petuelpark auf die Highlight Towers und Hochhäuser

Petuelpark

Seit 2002 rollt der Verkehr des Mittleren Rings durch den Petueltunnel und nach nur zwei Jahren Bauzeit wurde der darüber liegende Petuelpark eröffnet. Er verbindet die lange Zeit durch den Mittleren Ring getrennten, sehr unterschiedlichen Stadtteile Milbertshofen und Schwabing. Statt Lärm und Abgasen haben die Anwohner nun eine grüne Oase direkt vor der Tür. Dabei bestimmt der untertunnelte Mittlere Ring die Form des Parks: Er ist etwa 650 Meter lang, aber dafür nur 60 Meter breit; über dem Tunnel ist die Fläche bis zu 3,5 Meter höher als das umliegende Gelände. Dementsprechend wurde der Park auf mehreren Ebenen gestaltet. Der erhöhte Teil wird von weitläufigen Grasflächen dominiert, auf den tieferen Ebenen wurden sogenannte Themengärten eingerichtet, die die unter-

schiedlichen Landschaften zwischen München und den Alpen als Leitkonzept aufgreifen. Am romantischsten ist der Nymphenburg-Biedersteiner Kanal mit seiner Uferbegrünung auf der südlichen Seite des Geländes. Der zentrale Platz mit seinen Fontänen und dem Café »Ludwig« ist ein beliebter Treffpunkt geworden. Zum ersten Mal entstand hier in München ein Park, bei dem die Zusammenarbeit von Landschaftsarchitekten mit Künstlern und unter Bürgerbeteiligung bei der Planung vorgeschrieben war. 13 Kunstwerke sind im Park dezent platziert.

Café Ludwig Klopstockstr. 10, Tel. 089/32 21 17 66, www.cafe-ludwig.net; geöffnet täglich 10–1 Uhr

Wir radeln am Café »Ludwig« vorbei und halten uns am rechten Rand des Parks, vorbei an Spielplätze. Im Hintergrund sehen wir den Olympiaturm und die BMW-Gebäude. Dann geht es rechts hinaus aus dem Park und auf einem befestigten Radweg durch eine Grünanlage. Wir radeln am Generationengarten und an den Tennisplätzen vorbei und sind im Stadtteil Milbertshofen angekommen.

Man muss sich unter die Highlight Towers begeben, um den richtigen Eindruck zu gewinnen!

Milbertshofen

Milbertshofen wird zum ersten Mal Mitte des 12. Jahrhunderts als »Ilmugeshoven« erwähnt; es wurde 1913 nach München eingemeindet. Durch die früh einsetzende Industrialisierung in diesem Ort entstand eine Mischung aus Industrie, Gewerbe und Wohnen mit einem hohen Anteil an Sozialbauten. In diesem Stadtteil leben viele Familien und ausländische Mitbürger. Milbertshofen hat in München die höchste Zahl an Arbeitsplätzen im produzierenden Gewerbe aufzuweisen. Die größten Arbeitgeber sind der Automobilhersteller BMW sowie die Firma Knorr-Bremse. Prägend für das Stadtbild sind ehemalige Arbeitersiedlungen wie z. B. die Siedlung am Hart.

Weiter geht es auf dem beschilderten Radweg in Richtung Allianz-Arena. Dabei passieren wir eine Kleingartensiedlung. Schrebergärten wurden in vielen Teilen Europas vor allem nach dem Zweiten Weltkrieg ausgewiesen, um der Bevölkerung eine bessere Ernährung zu ermöglichen. Am Ende des Grünstreifens fahren wir rechts in die Rathenaustraße, überqueren die Ingolstädter Straße und folgen weiter der Heidemannstraße, bis auf der rechten Seite »Bayern-Kaserne« zu lesen ist. Kurz danach fahren wir links in den Werner-

Während des Abendspiels des FC Bayerns leuchtet die Arena in rotem Licht.

Egk-Bogen, überqueren den Carl-Orff-Bogen und radeln geradeaus auf dem kleinen Radweg weiter.

Gartenstadt Heidemannstraße

Wir befinden uns im Zentrum der Wohnanlage Gartenstadt Heidemannstraße. Als »sozialer Wohnungsbau« entstand diese Siedlung zwischen 1984 und 1988. Im Norden öffnet sie sich zur Fröttmaninger Heide.

Wir halten uns geradeaus und radeln rechts an der Hoffnungskirche vorbei auf der Straße Wirtsbreite weiter, bis wir wieder rechts in die Straße Obere Hausbreite abbiegen. Diese radeln wir bis zu ihrem Ende und biegen dann links in den Fichtenweg ab. Wir halten uns geradeaus, auf der Burmesterstraße und folgen weiter der Werner-Heisenberg-Allee bis zur Allianz-Arena.

Allianz-Arena

Das Besondere an der Arena ist die durchsichtige Umhüllung aus Luftkissen, die von innen in den Vereinsfarben Rot, Blau und Weiß beleuchtet werden können. Grundsteinlegung war 2002, und am 30. Mai 2005 konnte das erste Freundschaftsspiel des TSV 1860 München gegen den 1. FC Nürnberg angepfiffen werden; das erste offizielle Tor erzielte der TSV 1860. Das zum Stadion gehörige viergeschossige Parkhaus mit 10 500 Stellplätzen ist das größte Parkhaus Europas. Die Baukosten des Stadions lagen bei ca. 286 Millionen Euro, wobei die öffentliche Hand noch zusätzlich etwa 210 Millionen Euro für Erschließungskosten und Infrastruktur aufbringen musste. Im Museum »FC Bayern Erlebnsiwelt« wird neben etwa 5000 Exponaten die Geschichte des Vereins ab 1900 dargestellt. Die Stadionkapazität wurde in den letzten Jahren auf 71 137 Zuschauer, bei internationalen Spielen auf 67 812 (aus Sicherheisgründen) Zuschauer erweitert.

Allianz Arena/FC Bayern Museum
Werner-Heisenberg-Allee 25 • Tel. 089/69 93 12 22 • www.allianz-

arena.de • geöffnet täglich außer an Spiel- und Veranstaltungstagen 10–18 Uhr

Wir radeln vor dem Stadioneingang bei der Bronzeplatte zur Erinnerung an Kurt Landauer über die Brücke und zum Fröttmaninger Berg.

Am Fröttmaninger Berg

Wir folgen dem Radweg links und sehen rechts von uns eine halb im Berg versunkene Kirche. Sie ist eine aus Beton erstellte Kopie der spätromanischen Kirche Heilig Kreuz, ein Kunstprojekt des Professors Timm Ulrich aus Münster. Mit dem Thema »Versunkenes Dorf« soll sie an die über tausendjährige Geschichte des Orts Fröttmaning erinnern, von dem außer der Kirche nichts übrig geblieben ist. Die Gutshöfe wurden in den 1930er-Jahren von der Stadt aufgekauft, um Platz zu schaffen für die Mülldeponie. Der Fröttmaninger Berg ist die begrünte und bewaldete ehemalige Mülldeponie, die ab 1945 entstand und in den 1980er-Jahren geschlossen wurde. Auf seinem Gipfel steht eine weithin sichtbare Windkraftanlage. Von dort oben hat man einen schönen Blick über die Allianz-Arena, über München und bei schönem Wetter bis zu den Alpen und dem Bayerischen Wald. Wenn wir den Weg nach links weiterradeln, sehen wir auf der linken Seite bei den Bäumen die Originalkirche Heilig Kreuz stehen, ein Bau aus dem 13. Jahrhundert und eine der ältesten Kirchen im Münchner Raum. Couragierte Bürger erreichten beim Bau des Münchner Autobahnrings Mitte der 1970er-Jahre, dass die Abzweigung Richtung Salzburg etwas verschoben wurde, da sie den ursprünglichen Planungen zufolge genau über den Friedhof und die Kirche verlaufen wäre.

Wir radeln das kleine Stück zurück und folgen dann dem Radweg geradeaus Richtung Zentrum und zu den Isarauen. Wer möchte, kann den Berg hinauf schieben oder radeln. Ansonsten geht es vor dem Klärwerk Großlappen links bis zur Freisinger Landstraße. An der nächsten Ampel überqueren wir die Straße und sehen vor uns das Minarett des Islamischen Zentrums. Wir fahren rechts die Freisinger Landstraße entlang bis zur Schleuse, wo wir links in die Isarauen abbiegen.

Nördliche Isarauen

Ursprünglich wurden die Auwälder regelmäßig überschwemmt. Nach der Kanalisierung im 19. Jahrhundert veränderte sich die Natur: Die Auwälder fielen trocken und stattdessen entstand ein Laubwald aus Eschen und Ahorn. Am Westufer der Isar auf Höhe der Kläranlage Großlappen befindet sich die Obere Isarau, die von zwei Bächen durchflossen wird: Schwabinger Altbach und Garchinger Mühlbach. Hier leben noch typische Pflanzen und Tiere einer Auenlandschaft wie z. B. Märzenbecher – und mit Glück kann man sogar Biber beobachten.

Wir radeln am Kanal entlang, halten uns links und kommen nach etwa 800 Metern zu einer Brücke, die die Isar überquert. Nach der Brücke fahren wir rechts und radeln geradeaus am Fluss entlang, bis wir auf einen Wegweiser treffen, dem wir folgen und so den Unterföhringer See erreichen.

Unterföhringer See

Der Unterföhringer See (oder auch Poschinger Weiher) ist ein nach dem Ersten Weltkrieg durch Kiesentnahme für den Werkskanal entstandener Baggersee. Wenn Sie nicht an einer der Sandbuchten an der Isar eine Pause einlegen wollen, verlockt der See Sie vielleicht zu einer Badepause inklusive Einkehr im Biergarten vom »Seegarten Unterföhring« am See.

Seegarten Unterföhring
Am Poschinger Weiher 50, 85774 Unterföhring, Tel. 089/95 00 16 06, geöffnet 1. März–31. Okt. täglich ab 10.30 Uhr

Wir folgen dem Isarradweg in Richtung München und kommen nach etwa 2,5 Kilometern zu einer überdachten Brücke, dem »Hölzernen Steg«, über den wir wieder das linke Isarufer erreichen. Ungefähr hier befand sich bis zum Jahr 1158 die von Heinrich dem Löwen zerstörte Brücke über die Isar, die der Anlass für die Gründung Münchens war.

St. Emmeramsmühle

Bevor wir über die Brücke fahren, lohnt ein Abstecher zum Gasthaus und Biergarten St. Emmeramsmühle. Dazu fahren wir links am Spielplatz vorbei und über die Brücke vom Kanal zur Gaststätte, die in einem romantischen Tal mit Schafweiden liegt. Die ehemalige

Oben: Die Isar im Sonnenuntergang

Unten: Ein Ausflug in den nördlichen Bereich des Englischen Gartens endet gerne im Aumeister

AUMEISTER

Bitte
an die Leine

Mühle wurde bereits im 14. Jahrhundert erwähnt. 1866 entstand das Anwesen in seiner heutigen Gestalt. Schon die Schwabinger Künstlergesellschaften ließen sich Ende des 19. Jahrhunderts von einem Fährmann über die Isar setzen, um hier stilvoll zu zechen; erst nach dem Ersten Weltkrieg wurde der Mühlenbetrieb eingestellt. Im hübschen Biergarten und Gasthaus gönnt man sich leckere bayerische Küche bei gehobenen Preisen – und hier gibt es sogar eines der schönsten Klohäuser Münchens. Auch ein Picknick-Wagerl kann ausgeliehen werden, mit Brotzeitkorb, Getränken und allem, was man eben so braucht für ein schönes Picknick an der Isar.

St. Emmeram 41 • Tel. 089/95 39 71 • www.emmeramsmühle.de • geöffnet Mo–So 11–23 Uhr

Nach der hölzernen Brücke folgen wir der Beschilderung zum »Aumeister«, die uns durch den nördlichen Teil des Englischen Gartens führt (s. »NaTour«, S. 50).

Beim »Aumeister«

Bevor man sich hier bei einer Maß Hofbräubier erfrischen konnte, war dies der Dienstsitz des Königlichen Aumeisters. Er organisierte Hofjagden in den Isarauen und sorgte für die nötige Stärkung hinterher. Als immer mehr bürgerliche Isarspaziergänger nach einer Brotzeit und Bier verlangten, wurde daraus eine Gaststätte mit heute etwa 3000 Plätzen. Viele Mitarbeiter des Bayerischen Fernsehens verbringen hier ihre Mittagspausen, da die Fernsehstudios gleich um die Ecke liegen (1954 wurde erstmals direkt aus Freimann gesendet).

Sondermeierstr. 1 • Tel. 089/ 18 93 14 20 • www.aumeister.de • Biergarten täglich bei Sonnenschein ab 15 °C geöffnet • Restaurant Di–Sa 11–24 Uhr, So 11–18 Uhr

Die letzte Etappe unserer Tour führt uns vom Biergarten »Aumeister« zurück zu unserem Ausgangspunkt. Wir radeln zunächst wieder über die Brücke vom Schwabinger Bach, halten uns dann rechts und immer am Ufer entlang. Anschließend queren wir den Bach und fahren Richtung Alte Heide. Auf der Crailsheimer Straße radeln wir am nördlichen Ende des Nordfriedhofs entlang. Am Ende der Crailsheimer Straße überqueren wir die Ungererstraße und fahren dann links zu unserem Ausgangspunkt, der U-Bahn-Station »Nordfriedhof«, zurück.

Das dritte Fußballstadion Münchens – die Allianz-Arena

Als München den Zuschlag erhielt, Austragungsort des Eröffnungsspiels der Fußballweltmeisterschaft 2006 zu werden, plante man zunächst, das alte Olympiastadion zeitgemäß umzubauen. Dies wurde jedoch im letzten Moment vom Architekten Günther Behnisch abgelehnt. Also benötigte man ein komplett neues Stadion – aber wo sollte es stehen? Per Bürgerentscheid stimmten die Münchner im Oktober 2001 mit einer Zweidrittelmehrheit dafür, dass die neue Fußballstätte in der Fröttmaninger Heide entstehen sollte. Das Schweizer Architektenteam Herzog & de Meuron, das sich in München bereits durch die »Fünf Höfe« einen Namen gemacht hatte, wurde mit dem Bau des neuen Stadions beauftragt. Ursprünglich waren die beiden Fußballvereine FC Bayern München und TSV 1860 München zu je 50 Prozent an der Stadiongesellschaft beteiligt. Finanzielle Probleme zwangen den TSV jedoch 2006, seine Anteile an den FC Bayern zu verkaufen, der seitdem alleiniger Eigentümer der Allianz-Arena ist. Die Allianz AG hat sich die Namensrechte für das Stadion gegen Zahlung von Sponsorengeldern für die nächsten 30 Jahre gesichert. Während der WM 2006 hieß die Spielstätte jedoch FIFA WM-Stadion München. Eröffnet wurde die WM mit der Partie Deutschland gegen Costa Rica am 9. Juni 2006. Mit großem Einsatz erreichte die junge Mannschaft von Jürgen Klinsmann – nach der WM liebevoll die »Weltmeister der Herzen« genannt – einen hervorragenden und kaum erwarteten 3. Platz. 2012 war München Austragungsort des Endspiels der UEFA Champions League.

11 Zum Feldmochinger See

Unsere Lieblingstour beginnt mit der Fahrt durch das mondäne Stadtviertel am Nymphenburger Kanal und das ruhige Villenviertel Gern. Wir bestaunen die Bahnhofslandschaft am Rangierbahnhof mit Blick auf die neue Silhouette im Münchner Norden und fahren an Feldern und Krautgärten vorbei durch die Pappelallee zum Feldmochinger See. Auf der Rückfahrt lernen wir das Olympische Dorf kennen und beenden die Tour mit einem Besuch der BMW Welt.

Wir starten am Rotkreuzplatz und fahren auf der Nymphenburger Straße Richtung Norden. Dann radeln wir am Grünwalder Park vorbei und stoßen auf den Nymphenburger Kanal.

Nymphenburger Kanal

Der Kanal zwischen der Südlichen und der Nördlichen Auffahrtsallee wurde 1728 angelegt; und wird teilweise von Villen aus der Gründerzeit gesäumt. Der Kanal weitet sich nach Osten hin zu einem See mit dem Hubertusbrunnen, der in einem Bau von Adolf von Hildebrand untergebracht ist.

Wir queren die Fußgängerbrücke und blicken auf Schloss Nymphenburg, fahren dann geradeaus auf der Gerner Straße ins Stadtviertel Gern, biegen am Ende der Gerner Straße links ab und folgen der Nederlinger Straße nach rechts bis zu ihrem Ende. Die Markierungen des Radwegs Feldmoching weisen uns den Weg. Vor uns liegt das Gut Nederling. Wir queren die Baldurstraße, schieben ein paar Meter nach rechts und folgen links dem Fuß-/Radweg in die Kleingartenanlage.

Hübsch und jedes anders – so sind die Häuser in Gern

Röth-Linde in Nederling

Die Röth-Linde im Münchner Stadtteil Nederling (Stadtbezirk Moosach), unmittelbar neben dem Gut Nederling und südlich der Kleingartenanlage, ist mit einem Alter von ca. 300 bis 350 Jahren der älteste Baum im Stadtgebiet von München. Ihren Namen hat die Winterlinde vom Landschaftsmaler und Professor Philipp Röth, der oft unter dem Baum gesessen und gemalt hat. Eine Gedenktafel an der Linde erinnert an den Gerner Maler. Die Linde ist 23 Meter hoch und hat einen Stammumfang von 6,24 Metern.

Die Gedenktafel an der Röth-Linde erinnert an Philipp Röth.

Wir fahren geradewegs am östlichen Rand der Kleingartenanlage entlang; sie ist fächerförmig angelegt und grenzt nach Osten hin an den Westfriedhof. Am Ende der Anlage überqueren wir auf einer Fußgängerbrücke den Wintrichring. Wir folgen den Markierungen Richtung Feldmoching durch den Stadtteil Moosach und gelangen zu einer großen Kreuzung an der Dachauer Straße. Diese queren wir geradeaus zum »Alten Wirt« und halten uns bei der Ampel gleich wieder links. Der Radweg führt durch ein großes Haustor, dann unter den S-Bahn-Gleisen hindurch und über die Holledauer Straße sowie an Gleisen und Feldern entlang in die Donaustaufer Straße. Wir fahren bis zu ihrem scheinbaren Ende, denn hier geht der Radweg weiter, der uns etwas bergauf und dann über mehrere Brücken zum München-Nord-Rangierbahnhof leitet.

Rangierbahnhof München-Nord

Der Umschlagplatz für Güterwagen wurde erst 1991 in Betrieb genommen und ist einer der modernsten in Deutschland. Bahnbegeisterte werden hier eine Weile fasziniert den Zügen zusehen oder den weiten Blick über das Industriegelände mit Blick auf die markanten Hochhäuser, die Highlight Towers, den »O2 Uptown München« und den Olympiaturm, genießen. Der verglaste »Uptown Tower« ist mit 146 Metern nach dem Olympiaturm das höchste Gebäude in München.

Nun geht es auf dem Kiesweg bergab und am nächsten Abzweig rechts durch einen hübschen Birkenwald Richtung Feldmochinger See. Wir radeln durch die ruhige Häusersiedlung in Feldmoching und dann auf der von eindrucksvollen Bäumen gesäumten Pappelallee hinaus auf die Felder im Münchner Norden. Auffallend sind die angepflanzten Kräuter und Salate. Bald erblicken wir die Kirche St. Peter und Paul im Ortskern von Feldmoching, einem der dörflichsten Gebiete Münchens: Vor allem der Ortskern mit den alten Höfen und Gaststätten erinnert an das bayerische Landleben. Wir folgen den Radweg-Markierungen zum See nach links.

Feldmochinger See

Der mit maximal acht Meter Tiefe recht flache Feldmochinger See hat seinen Ursprung als Baggersee in den 1930er-Jahren. Mit der von Hügeln und Bäumen modellierten Landschaft ist dort ein wunderbares Erholungsgebiet. Der Feldmochinger See ist der größte See der Dreiseenplatte (Lerchenauer, Fasanerie- und Feldmochinger See) und hat als einziger der Münchner Seen mit dem Kalterbach einen ständigen Abfluss. Gespeist wird er aus drei Frischwasserquellen innerhalb des Naturbiotops im Süden des Sees – für sauberes Wasser und für auch im Sommer erfrischende Temperaturen ist damit ausreichend gesorgt.

Zurück folgen wir wieder der Pappelallee und radeln durch den Birkenwald bis kurz vor der Brücke über die Gleisanlagen vom Rangierbahnhof. Wir fahren nach links und folgen immer dem Kiesweg entlang der Gleise. Nach etwa zwei Kilometern entlang des Naturschutzgebiets nähert sich links von uns die Eggartenstraße.

Am Seil ins Wasser des Feldmochinger Sees springen... sehr erfrischend

Hier fahren wir rechts unter der Brücke hindurch und stoßen alsbald auf die sechsspurige Triebstraße. Wir fahren links bis zur Ampel, queren die Straße, radeln ein paar Meter nach links und zweigen dann rechts ab auf den Radweg Richtung Olympiazentrum. Rechts von der Landshuter Allee sehen wir die Bauten der Olympia-Pressestadt. Vor einer Brücke (die zur Pressestadt leiten würde) fahren wir links auf dem Radweg kurz bergauf und gelangen zur Zentralen Hochschulsportanlage (ZHS) der TU München. Der Weg führt immer oberhalb der Sportstätten entlang. Bald sehen wir links von uns die ersten terrassenförmig angelegten Bauten des Olympischen Dorfs. Wir fahren nicht geradeaus über die Brücke zur Olympiahalle, sondern biegen links ab und fahren am Erinnerungsort Olympia-Attentat München 1972 vorbei und weiter am Rand des »Dorfs«. 2017 wurde die Gedenkstätte eröffnet. Er dient zur Erinnerung an die 12 Opfer des Anschlags auf die israelische Mannschaft bei den Olympischen Spielen in München am 5.9.1972. Täglich von 8–22 Uhr läuft auf einer 11 Meter breiten Medienwand ein Video über das Attentat.

Olympisches Dorf

Links von uns fallen die kleinen, bunt angemalten Bungalows der Studenten vor der Kulisse der Hochhäuser auf. Das Olympische Dorf in München entstand anlässlich der XX. Olympischen Sommerspiele 1972 und wurde zur Unterbringung der Sportler genutzt. Vom Architektenbüro Heinle, Wischer und Partner entworfen, wurde es 1998 zusammen mit den Sportanlagen im Olympiapark unter Ensemble-Schutz gestellt. Die Olympischen »Spiele der kurzen Wege« setzten voraus, dass Spielstätten, Pressestadt und Wohnungen der Athleten nebeneinander lagen. Während das ehemalige Olympische Dorf der Männer im Norden heute, wie geplant, als Wohnviertel genutzt wird, ist das ehemalige Olympische Dorf der Frauen im Süden nun eine Studentenwohnanlage. Das Olympische Dorf ist mit über 6000 Bewohnern in etwa 3500 Wohneinheiten ein beliebtes Wohngebiet in München.

Wir fahren auf die U-Bahn-Haltestelle »Olympiazentrum« und den Eingang der BMW Welt zu.

BMW Welt

Der eindrucksvolle Bau der BMW Welt entstammt der Feder des Architekturbüros Coop Himmelb(l)au und wurde 2007 eröffnet. Hauptelemente des Baus sind der Doppelkegel und die große, durchlässige Halle aus Glas und Eisen. Der gigantische Bau dient als Erlebniszentrum für Markenerfahrung und zur feierlichen Fahrzeugüberreichung beim Kauf eines BMW. Die jährlichen Besucherzahlen übertreffen bereits die von Schloss Neuschwanstein; unterschiedliche Events locken junge und alte Besucher. Jedes Jahr zwischen Januar und März findet hier z. B. ein Band-Wettbewerb statt, bei dem die »BMW Welt Jazz Awards« vergeben werden. Im Gebäude gibt es auch mehrere Bars und Restaurants. Auf der anderen Seite der Lerchenauer Straße befindet sich seit 1960 das BMW-Werk im Stadtteil Milbertshofen. Produziert werden 3er- und 4er-BMW und -Motoren. Im Gebäude des BMW-Vierzylinders ist die Konzernzentrale untergebracht. Das Gebäude hat insgesamt 22 Geschosse und war bei Fertigstellung Münchens höchstes Bürogebäude, wurde jedoch einige Jahre später vom 114 Meter hohen Hypo-Hochhaus übertroffen. Die Statik des Gebäudes ist bemerkenswert, da die Zylinder nicht auf dem Boden stehen, sondern an markanten Kragarmen hängen, die aus den vier Stahlbetonrohren herausragen, die den Kern des Gebäudes bilden. Das BMW-Museum ist in der »Schüssel« daneben untergebracht; das futuristische Gebäude wurde 1973 fertiggestellt und beleuchtet eindrucksvoll die Unternehmensgeschichte von BMW (hier gibt es auch ein stylisches Café).

Der eindrucksvolle Bau der BMW Welt vor dem Olympiaturm

BMW Welt • Am Olympiapark 1 • Tel. 089/125016001 • www.bmw-welt.com

BMW-Museum • Am Olympiapark 2 • Tel. 089/125016001 • www.bmw-welt.com • geöffnet Di–So/Feiertage 10–18 Uhr

Westfriedhof und Olympisches Dorf

- **Der Westfriedhof:** Wenn man im Stadtteil Moosach ist, sollte man einen Spaziergang über den Westfriedhof machen – allein der monumentale Kuppelbau am Eingang lohnt schon den Besuch. Hier liegen einige Berühmtheiten begraben, wie etwa die frühere persische Kaiserin Soraya, der frühere bayerische Ministerpräsident Hanns Seidel oder der Malerfürst Franz von Lenbach. Baldurstr. 28, Tel. 089/143346030

- **Das Olympische Dorf** war ein städtebauliches Experiment. Es wurde entworfen als »Stadt in der Stadt« und sollte auch nach der Nutzung während der Olympischen Spiele alle Funktionen des täglichen Lebens erfüllen. Folglich befinden sich hier auch Einkaufsmöglichkeiten, Schule, Kindergärten und kulturelle Einrichtungen. Neben Spielplätzen wurde besonders darauf geachtet, dass die Anlage insgesamt durch abwechslungsreiche Gestaltung zum Spielen einlädt. Die Anlage öffnet sich wie die gespreizten Finger einer Hand nach Westen, dadurch entstehen große Grünflächen zwischen den Häusern. Revolutionär war der städtebauliche Ansatz, ein ganzes Stadtquartier für mehrere Tausend Bewohner zu schaffen, in dem die Autos komplett von Fußgängern und Radfahrern abgetrennt wurden. Autos fahren im Dorf in einer eigenen unterirdischen Ebene, an der Oberfläche gibt es somit keinen Verkehr – ein Paradies vor allem für Familien. Mit den Hochhäusern am Helene-Mayer-Ring als optischem Sperrriegel wirken die Betonbauten erst mal abweisend. Die Wohnungen in den Terrassenbauten sind aber hell und haben Balkone von enormer Größe mit großen Pflanztrögen. Durch die Mischung der Terrassenhäuser mit Flachbauten und den besonders begehrten Bungalows hat das Olympiadorf nichts von der baulichen Monotonie anderer Großsiedlungen. Es sind Wohnungen mit ganz unterschiedlichen Grundrissen entstanden.

Internetlinks und Literatur

Allgemeines

• Eine ausführliche Seite der Stadt München rund ums Radeln mit Links z. B. zum Online-Routenplaner, zum Münchner Radlnetz und zum Radlkalender mit Terminen wie regelmäßigen kostenfreienRadl-Sicherheitscheck, Workshops etc. findet man hier: www.muenchen.de/verkehr/fahrrad.html

• Die Mitnahmeregelungen und die Preise für Personen und Fahrräder im Münchner Verkehrsverbund MVV findet man unter: www.mvv-muenchen.de/de/tickets-preise/mitnahmeregelungen/index.html c1466

Fahrradverleih und Stadtführungen mit dem Fahrrad

• Spurwechsel ist der langjährigste Anbieter und das Original für Stadtführungen mit dem Fahrrad in München. Neben Touren zu verschiedenen Themenschwerpunkten gibt es einen Fahrradverleih mit City- und Trekkingräder, Kinderräder, Anhänger und Fahrradhelmen. www.spurwechsel-muenchen.de

• Die Leihräder von Call a bike (www.callabike.de) sind an stark frequentierten Plätzen oder Straßen im Stadtgebiet abgestellt – oft an U/S-Bahnhöfen. Ein Anruf bei der auf dem Stadtrad angezeigten Telefonnummer reicht und der Kunde bekommt nach Registrierung den Zahlencode für das Fahrradschloss übermittelt. Eine Registrierung vorab auf der Internetseite des Stadtrad-Anbieters ist möglich. Die Münchner Verkehrsgesellschaft bietet mittlerweile 4000 Leihräder im Stadtgebiet an. Sie müssen sich vorab über die APP »MVG more« registrieren und können über einen PIN Code das gewünschte Fahrrad freischalten.

Fahrradreparatur

• Die Schwalbe-Fahrradschlauch-App, mit der man den nächsten Fahrradschlauch-Automaten findet (überwiegend vor Fahrradläden) und an dem

man rund um die Uhr einen neuen Schlauch bekommt, lautet: www.schwalbe.com/de/haendlersuche.html

- Dr. Bike-Geschäfte gibt es dreimal in München. Neben Verkauf und Verleih von Rädern werden hier Räder repariert, und das noch am selben Tag, wenn das Rad werktags bis 14 Uhr gebracht wird. Zusätzlich bietet die Firma einen Heim-Service an – sie kommen sogar bis ins Haus für eine Reparatur: www.doctorbike.de
- Fahrradwerkstatt: Hier bekommt man Hilfe zur Selbsthilfe. Unter professioneller Anleitung und mit den passenden Werkzeugen können kleinere und größere Probleme mit dem eigenen Fahrrad selbstständig behoben werden: www.bikekitchen.de

Sonstiges

- Pulpo ist ein soziales Projekt, bei dem alte Fahrradschläuche recycelt und zu kleinen, brauchbaren Kunstwerken wie Geldbörsen, Stiften, Etuis etc. umgewandelt werden. In mehreren Fahrradläden in München können diese erstanden werden: www.pulpo-muenchen.de
- Bei diesem sozialen Betrieb kann man alte Fahrradschläuche oder auch ganze Fahrräder abgeben, damit sie fachgerecht recycelt oder repariert werden können: www.dynaMo-muenchen.de

Bücher

- Rezepte für den Picknickkorb und Geschichten rund um den Biergarten: »Das Biergarten-Kochbuch« von Julia Skowronek, Dorling Kindersley Verlag
- Radtouren rund um München nach einem langen Arbeitstag: »Feierabendradeln rund um München« von M. Platz, J. Berg Verlag
- Auf Entdeckungstour in München gehen: »99x München, wie sie es noch nicht kennen«, Bruckmann Verlag
- Highlights, Geheimitipps und Wohlfühladressen für München: »Zeit für das Beste München«, Bruckmann Verlag
- Ein Gutscheinbuch als Reiseführer (mit Rabatten um etwa die Hälfte): »LUUPS 2021 München: Gutscheine für Essen, Trinken, Freizeit und Kultur« von Karsten Brinsa (Hrsg.)

Register

Impressum

Verantwortlich: Dr. Johannes Abdullahi, Miriam Gieler
Lektorat: Anette Späth, Steingau
Layout: Ulrike Huber, uhu-design, Kolbermoor
Illustrationen: Katrin Fiederling, Berlin
Repro: LUDWIG:media
Kartografie: Heike Boschmann, München
Herstellung: Alexander Knoll
Printed in Slovenia by Florjancic

★★★★★

Sind Sie mit diesem Titel zufrieden? Dann würden wir uns über Ihre Weiterempfehlung freuen. Erzählen Sie es im Freundeskreis, berichten Sie Ihrem Buchhändler oder bewerten Sie bei Onlinekauf. Und wenn Sie Kritik, Korrekturen, Aktualisierungen haben, freuen wir uns über Ihre Nachricht an: J. Berg Verlag, Postfach 40 02 09, D-80702 München oder per E-Mail an: lektorat@verlagshaus.de.

Unser komplettes Programm finden Sie unter www.j-berg-verlag.de

Alle Angaben dieses Werkes wurden von den Autorinnen sorgfältig recherchiert und auf den neuesten Stand gebracht sowie vom Verlag geprüft. Für die Richtigkeit der Angaben kann jedoch keine Haftung übernommen werden, weshalb die Nutzung auf eigene Gefahr erfolgt. Insbesondere bei GPS-Daten können Abweichungen nicht ausgeschlossen werden.
In diesem Buch wird aus Gründen der besseren Lesbarkeit das generische Maskulinum verwendet. Weibliche und anderweitige Geschlechteridentitäten werden dabei ausdrücklich mitgemeint, soweit es für die Aussage erforderlich ist.
Sollte dieses Werk Links auf Webseiten Dritter enthalten, so machen wir uns die Inhalte nicht zu eigen und übernehmen für die Inhalte keine Haftung.

Bildnachweis: Alle Fotos im Innenteil von den Autoren außer: S. 12, 141 picture alliance/dpa (Tobias Hase); S. 17, 63 picture alliance/dpa (Andreas Heddergott); S. 25 picture alliance/dpa (Alessandra Schnellnegger); S. 28 Haydar Koyupinar © Bayerische Staatsgemäldesammlungen, Alte Pinakothek München; S. 31 Haydar Koyupinar© Museum Brandhorst; S.34 picture alliance/dpa (Catharina Hess); S. 69, 140 picture alliance/dpa (Markus C. Hurek); S. 54, 138 picture alliance/dpa (McPOTOs); S. 56 picture alliance/dpa (Westend61); S. 78, 118 picture alliance/dpa (Catherina Hess); S. 83 Heiti Paves/shutterstock.com; S. 85 picture alliance/dpa (Sven Hoppe); S.86 picture alliance/dpa (Westend61/Leon Fischer); S. 103 picture alliance/dpa (Angelika Bardehle); S. 116 picture alliance/dpa (Marc Müller); S. 128 picture alliance/dpa (Florina Peljak); S. 135 Andrybak, CC-BY 4.0, https://commons.wikimedia.org/w/index.php?curid=72528500; S.136 picture alliance/dpa (Robert Haas).
Umschlagvorderseite: Am Muffatwerk auf der Praterinsel (Foto: Okapia/imageBROKER/Manfred Bail)
Umschlagrückseite Auf dem Marienklausensteg nahe des Tierparks

Die Deutsche Nationalbibliothek verzeichnet diese Publikation in der Deutschen Nationalbibliografie; detaillierte bibliografische Daten sind im Internet über http://dnb.d-nb.de abrufbar.

Originalausgabe: ISBN 978-3-7654-8963-1 © 2015 Bruckmann Verlag GmbH

ISBN 978-3-86246-783-9